Thomas Loer

Zur eigenlogischen Struktur einer Stadt

Thomas Loer

Zur eigenlogischen Struktur einer Stadt

Konstitutionstheoretische, methodologische und methodische Reflexionen zu ihrer Untersuchung

Humanities Online

Bibliografische Information der Deutschen Nationalbibliothek
Die Deutsche Nationalbibliothek verzeichnet diese Publikation in der Deutschen Nationalbibliografie; detaillierte bibliografische Daten sind im Internet über http://dnb.ddb.de abrufbar.

Frankfurt am Main, Germany
www.humanities-online.de
info@humanities-online.de

ISBN 978-3-941743-33-5

Umschlaggestaltung: Uwe Adam
Printed in Germany

Dieses Buch ist auch als E-Book erhältlich:
www.humanities-online.de

Inhalt

Vorbemerkungen

Die vorliegende Studie zu den konstitutionstheoretischen und methodologischen Grundlagen und methodischen Möglichkeiten der Erforschung der eigenlogischen Struktur von Städten ist hervorgegangen aus einer Auftragsarbeit für den LOEWE-Schwerpunkt »Eigenlogik der Städte« im Bereich Stadtforschung an der Technischen Universität Darmstadt. Hintergrund der Beauftragung war meine Studie zum Begriff der Region (Loer 2007a) und der darin entwickelte Begriff der Einflussstruktur. Dieser steht in den folgenden Ausführungen allerdings nicht im Vordergrund; vielmehr soll, ausgehend von vielfältigen, klassischen und zeitgenössischen Versuchen, den Gegenstand ›Stadt‹ auf den Begriff zu bringen und die Besonderheit von Städten empirisch zu erforschen, für dies letztere ein Rahmen entwickelt werden. Zunächst sollte, aus dem Entstehungskontext der Studie einsichtig und konsequent, diese in der Analyse von Datenmaterial, das in den verschiedenen Projekten des Darmstädter Forschungsverbunds erhoben wurde, münden; dies ist aus kontingenten Gründen nicht erfolgt, was es mit sich bringt, dass der dritte Teil des vorliegenden Büchleins, in dem die methodischen Konsequenzen aus den grundlegenden Überlegungen gezogen werden, relativ abstrakt bleibt (die als Anhang angefügte unsystematische und unvollständige Liste von Materialien, die man entsprechend untersuchen könnte, bleibt ein unbefriedigendes Surrogat). Ich hege allerdings die Hoffnung, dass, wenn der hier vorgelegte Rahmen erst einmal gründlich diskutiert, seine Adaption für die Darmstädter Forschung erwogen und – wie modifiziert auch immer – erfolgt ist, konkrete Analysen das, was hier Desiderat bleiben muss, befriedigen werden.

Zwei weitere Bemerkungen seien hier noch erlaubt, da das Büchlein in einer Zeit erscheint, in der die Arbeit am Begriff nicht im Vordergrund der wissenschaftlichen Bemühungen, jedenfalls nicht im Vordergrund der publizierten wissenschaftlichen Ausarbeitungen steht und auch in den angesichts der ›Bologna‹-Reformen immer kleinteiliger werdenden Lehrangeboten der Universitäten kaum noch einen angemessenen Platz findet.

Das Verhältnis von *Konstitutionstheorie und Methodologie* einerseits, *Methodologie und Methode* andererseits ist wie folgt zu verstehen: Das erste Begriffspaar bezeichnet die Grundlegung einer

Wissenschaft überhaupt und zwar einerseits im Hinblick darauf, wie der Gegenstandsbereich der jeweiligen Wissenschaft konstituiert ist, wie also dasjenige, auf das Erkenntnisbemühen sich richtet, in sich verfasst ist;[1] andererseits im Hinblick darauf, wie angesichts dieser Verfassung des Gegenstandes seine methodische Erforschung überhaupt zu denken ist. – Das zweite Begriffspaar ist in seinem analytischen Verhältnis wie im empirischen Verhältnis des in ihm begrifflich Gefassten zu betrachten. Analytisch ist die Methodologie, die ja, wie gesagt, die Verfassung des Gegenstands im Hinblick auf seine methodische Erforschbarkeit systematisch auf den Begriff zu bringen hat, damit die Grundlegung der Methode, also die Begründung des Instrumentariums und der Verfahren, die die Erforschung des Gegenstandes zu seiner Erkenntnis führen, darstellt, der Methode vorgängig. Empirisch aber ist umgekehrt die methodische Erforschung des Gegenstandes vorgängig, die Methodologie stellt die reflektierende Rechtfertigung der Methode dar, womit deutlich wird, dass die Konstitutionstheorie ihrerseits ebenfalls Ergebnis empirischer Forschung ist. Genau genommen handelt es sich hier also um eine Ausformung der Erkenntnisspirale, in der die Methode der empirischen Forschung zunehmend besser gerechtfertigt wird durch ihre methodologische Reflexion und konstitutionstheoretische Amplifikation, wie umgekehrt die Konstitutionstheorie eine immer prägnantere Bestimmung der Verfassung des Gegenstandes erlaubt und damit eine adäquatere methodologische Begründung seiner methodischen Erforschung ermöglicht, womit der Erkenntniszirkel auf einer neuen Schleife der

1 In der Literatur, insbesondere aus dem wissenssoziologischen Lager innerhalb der Soziologie, wird vielfach zwischen *Konstitution* des Gegenstandes und *Konstruktion* als einer Tätigkeit des Geistes, die sich über den Gegenstand, auf den sie sich richtet, keine Rechenschaft mehr abgibt, ohne ihn aber doch letztlich aufgeben zu können (da sonst ja die Möglichkeit von wissenschaftlichem Forschen überhaupt aufgegeben würde), terminologisch nicht mehr unterschieden – geschweige denn, dass beides begrifflich expliziert würde. Dass das Objekt, entgegen der Absicht der Wissenssoziologen, seine Abhängigkeit vom Subjekt herauszuarbeiten, diesem gestaltlos entgleitet, darauf hat Theodor W. Adorno schon in seiner Kritik an Edmund Husserls Epistemologie aufmerksam gemacht: »Je mehr ›Intentionalität‹, je mehr also dem reinen faktenfreien Denken der Vorrang über allen Stoff und alles Daseiende zuerteilt wird, desto mehr wird der subjektiv intendierte Gegenstand dem entfremdet, das da intendiert, denkt.« (Adorno 1956/1972: 159) – Vgl. u., Fn. 80.

Spirale neu anhebt. Der Gegenstand aber, als die Wirklichkeit an der alle Rekonstruktion sich bewähren muss, bleibt Widerlager des Begriffs und sein Prüfstein.

Auch *Terminus*[2] *und Begriff*[3] sind – was leider oftmals missachtet wird – sorgfältig zu unterschieden. Die Unterscheidung von Terminus und Begriff ist selbst keine rein terminologische, sondern eine begriffliche: Verschiedene Termini können auf ein und denselben Begriff referieren, ohne dass daraus für die Erkenntnis des in ihm auf den Begriff gebrachten Gegenstandes Schaden entstünde – so wie in verschiedenen Sprachen auf den Begriff des Tisches mit den Termini ›Tisch‹, ›mensa‹, ›table‹, ›tavolo‹, ›стол‹, ›galds‹, … referiert werden kann, ohne dass damit ein Verständnis des Begriffs und eine praktische Verständigung über den Gegenstand systematisch behindert oder gar ausgeschlossen würden. Im Begriff eines Gegenstandes aber muss dieser so begriffen werden, dass er in seinen systematisch möglichen praktischen Verwendungen fassbar wird.[4] So muss der Begriff des Tisches diesen Gegenstand in seiner Verfassung konzipieren, was hier heißt, dass der Begriff enthält, dass es sich bei dem Gegenstand ›Tisch‹ um eine Fläche handelt, die waagerecht zur Erdoberfläche situiert und die so für das Abstellen, Ablegen von Dingen geeignet ist, dass mit diesen Dingen auf der Fläche gearbeitet bzw. ihre Darbietung auf dieser Fläche so möglich ist, dass sie einer weiteren Verwendung leicht zugeführt werden können.

2 Zur Geschichte des Begriffs des Terminus vgl. Sietzen 1998; ich bekenne mich hier der dort als seit dem 18. Jahrhundert zunehmend konstatierten Verflachung schuldig (a. a. O.: Sp. 1019) und referiere mit ›Terminus‹ auf den Begriff des sprachlichen Ausdrucks.

3 Zur Geschichte des Begriffs des Begriffs vgl. Haller 1971 und für unserem Zusammenhang bes. Mittelstrass 1971.

4 Hier folge ich der Maxime des Pragmatismus von Charles Sanders Peirce: »the Maxim of Pragmatism, as I originally stated it, *Revue philosophique* VII, is as follows: Considérer quels sont les effets practiques que nous pensons pouvoir être produits par l'objet de notre conception. La conception de tous ces effets est la conception complète de l'objet. [p. 48.]" (Peirce 1903/1973: 6)

1 Konstitutionstheorie

Die Konstitution des Gegenstands ›Stadt‹ 1

Auf der Basis der LOEWE-Bestimmung von »Eigenlogik der Stadt« gemäß Berking[5] und Löw[6]

Der Grundlagentext von Helmuth Berking zur Eigenlogik der Stadt (2011) lässt unter Bezugnahme auf entsprechende Ausführungen von Louis Wirth (1938) und Rolf Lindner (2006), vor allem wenn die Perspektive einer methodologischen Rahmung von entsprechender Stadtforschung eingenommen wird, eine spezifische Weise der Gegenstandskonstitution erkennen, die im folgenden zunächst skizziert werden soll.

Gegenstand ›Siedlung‹

Siedlung als Handlungsprozess (Nomen actionis) wie als Ergebnis eines Handlungsprozesses (Nomen acti) muss begriffen werden als Lösung eines Handlungsproblems.[7] Dieses Handlungsproblem wird hier zunächst nur vorläufig bestimmt. Vor dem Hintergrund, dass die Angehörigen der Gattung Mensch darauf angewiesen sind, sich materiell zu reproduzieren und dies mit der Aufnahme tierischer und pflanzlicher Stoffe tun, gibt es unter den Lebensbedingungen der Erde drei analytisch unterscheidbare grundsätzliche Möglichkeiten: (a) die Weise der Jäger und Sammler, (b) die nomadische und (c) die sesshafte Weise. Bei den erstgenannten Weisen folgen die Menschen der Nahrung – den Tieren auf ihren Wanderungen bzw. den pflanzlichen Vegetationszyklen – bei der letztgenannten Weise kultivieren sie Tiere und Pflanzen[8] so, dass am gleichen Ort ganzjährig Nahrung zur Verfügung steht.

5 Berking 2011, 2008.

6 Löw 2011, 2008a, b.

7 Problem ist hier wie im folgenden als analytische Kategorie, nicht als alltagspraktischer Ausdruck zu verstehen. In diesem Sinne ist jegliches Handeln Lösen eines ihm zugrundeliegenden Problems, Anwort auf eine ihm zugrundeliegende Frage.

8 Von den tiefgreifenden, längst noch nicht genügend erforschten Folgen,

Die sesshafte Weise bezeichnen wir als Siedlung (Nomen actionis); wenn wir die Perspektive des Gebiets, in dem die Siedlung stattfindet, einnehmen, sprechen wir von Besiedlung. Das macht deutlich, dass in die Siedlung eine Auseinandersetzung mit geologischen, geographischen, klimatischen Handlungsbedingungen[9] und solchen der Flora und Fauna eingeht. Zugleich, und das ist in unserem Zusammenhang wichtiger, muss es ein Subjekt der Siedlung geben, eine Lebenspraxis, die einen bestimmten Raum besiedelt. Abgesehen vom sogenannten Einsiedler – dass er eine Ausnahme darstellt, drückt sich ja schon in der Bezeichnung aus – handelt es sich bei der siedelnden Lebenspraxis um ein Kollektiv, das als eine Gemeinschaft handelt.

Die Siedlung selbst kann nun wiederum auf unterschiedliche Weisen erfolgen, das »Siedlungsgebilde« (von Wiese 1959: 523) kann unterschiedliche Gestalt annehmen. Dabei unterscheiden wir mit von Wiese zunächst: »den isolierten Hof, [...] die isolierte Hofgruppe (z. B. die Werft der Halligen), [...] das Dorf« (a. a. O.: 542).[10] »D. gehört unter den Oberbegriff Siedlung. Das Wort (got. *thaurp*, altsächs. *dorf*, sinnverwandt mit lat. *turba*) bedeutet Menge, Haufen, also die Haufensiedlung.« (Ritz 1955) Dass das Dorf wiederum in verschiedene Typen unterteilt werden kann, ist für unseren Zusammenhang, in dem ja die Stadt im Fokus steht, nicht weiter relevant. Relevant ist allerdings, dass mit dem Dorf Beziehungen zwischen Angehörigen der Gemeinschaft einen räumlichen Ausdruck finden und räumliche und soziale Nähe in ein Verhältnis gebracht werden müssen.[11] Die-

die dies für die gesellschaftliche Organisation hat, gibt Jacque Dupuis' Geschichte der *paternité* (1987) einen fasslichen Eindruck.

9 Diese Handlungsbedingungen stellen einerseits Gegebenheiten dar, die vom spezifischen Handeln, in das sie als dessen Bedingungen eingehen, unabhängig sind (so ist etwa die Bodenzusammensetzung eines Landstrichs vor seiner Besiedlung von den Siedlern unabhängig gegeben), andererseits sind sie immer nur einer spezifischen Handlungspraxis gegeben (nur in der Frage, ob man dort fruchtbar Ackerbau betreiben kann, die eine Lebenspraxis sich stellt, erfährt diese sich als mit den Gegebenheiten konfrontiert).

10 Von Wiese führt auch noch an: »das Herrengut mit Herrenhaus und Herrenhof« (ebd.); allerdings unterscheidet er dabei nicht Siedlungsform und Herrschaftsform, die hier empirisch zusammenfallen, aber analytisch, und damit für die Kategorienbildung, doch zu trennen sind.

11 Dass dies beim Einzelhof für die Angehörigen der Hofgemeinschaft durchaus auch bereits gilt, liegt auf der Hand; das Dorf potenziert aber

ses Problem ist allerdings aufgrund der bei aller Konzentration doch geringen Größe und vor allem Dichte[12] der Besiedlung auf einfache Weise lösbar.

Festzuhalten ist, dass das *Siedeln* einen *Modus* der Lösung eines allgemeinen Handlungsproblems bzw. einer Konstellation von Handlungsproblemen darstellt, in dem eine *Gemeinschaft* sich einen zu ihrem *Selbstverständnis* als Gemeinschaft passenden *Rahmen* zur Bearbeitung dieser Handlungsprobleme setzt. Dieser Rahmen ist in dem Siedlungsgebilde, in dem die Gemeinschaft sesshaft ist, lokalisiert und kommt in der *Form*[13] der Siedlung zum Ausdruck. Der Rahmen ist als Einflussstruktur (s. Loer 2007a: 229-276) zu begreifen, die bestimmte Lösungsoptionen positiv auszeichnet und andere ausschließt.

Wie am Dorf gesehen, gibt es bestimmte Charakteristika des Zusammensiedelns, die als Konstitutiva bestimmt werden können; diese stellen nun ihrerseits Handlungsprobleme dar, für die entsprechende Lösungen gefunden werden müssen.

Charakteristika der Stadt (Louis Wirth)

Unter den Charakteristika der Stadt, wie Louis Wirth sie herausgearbeitet hat, ist das zentrale Merkmal, auf das von Wiese schon hingewiesen hat, die hohe *Dichte* des Siedlungsgebildes Stadt. Diese lässt sich laut Wirth bestimmen als ein Zugleich von großer physischer Nähe und sozialer Distanz.[14] Was sich im Dorf aufgrund der geringen

diese Problematik, da es sich bei der Dorfgemeinschaft um eine einbettende Gemeinschaft handelt, in der zudem in der Regel zumindest rudimentäre funktionale Differenzierungen wirksam sind. – Vgl. von Wiese: »Aber selbst in den ›reinen‹ Bauerndörfern sind die Bauern nicht die einzigen Bewohner des Dorfes.« (1959: 524) Er zählt weiter auf: »die landwirtschaftlichen Arbeiter«, »die Dorfhandwerker und -händler und – sicher nicht an letzter Stelle – die Angehörigen der freien Berufe, die Akademiker und die Beamten (also z. B. Pfarrer, Bürgermeister, Landjäger, Lehrer, Arzt, Apotheker, Küster)« (ebd.).

12 S. von Wiese: »die räumliche Dichtheit (oder Zerstreuung) der Menschen ist von ausschlaggebender Bedeutung.« (1959: 523)

13 Vgl. Löw 2008b: 48: die »Form ›Stadt‹«. – Unter *Form* wird hier der wahrnehmbare, also ästhetische Ausdruck verstanden, den die Handlung – hier die Handlung des Siedelns – hervorbringt.

14 »Typically, our physical contacts are close but our social contacts are distant.« (Wirth 1938: 14)

Dichte ohne weiteres bewältigen lässt: das In-Beziehung-Setzen von sozialer und räumlicher Distanz in Form von Kongruenz (etwa: rund um das Pfarrhaus ist eine Bebauung erst in bestimmter räumlicher Distanz möglich, die eine bestimmte soziale Distanz und damit zugleich das Selbstverständnis der Gemeinschaft als hierarchisch gegliederter ausdrückt), ist in der Stadt aufgrund der hohen Dichte nicht leicht möglich.[15] Man muss hier nun eine weitere der Bestimmungen, die Wirth anführt, hinzunehmen: *Heterogenität.* Im Zusammenspiel mit der gesellschaftlichen Ausdifferenzierung von Rollen führt große Dichte zu »juxtaposition of divergent personalities and modes of life« (Wirth 1938: 15) und diese »variety of personality types« (a.a.O.: 16) stellt die Heterogenität der Zusammensiedelnden dar. Gleichwohl haben wir es zunächst auch bei diesem Gebilde von hoher Dichte und hoher Heterogenität mit einem Siedlungsgebilde, in dem eine bestimmte Weise der Lösung einer allgemeinen Konstellation von Handlungsproblemen zum Ausdruck kommt, zu tun und damit mit einem *Rahmen* zur Bearbeitung dieser Handlungsprobleme den eine *Gemeinschaft* sich passend zu ihrem *Selbstverständnis* als Gemeinschaft setzt. Die *Größe* dieser Gemeinschaft allerdings, um das dritte der von Wirth genannten Charakteristika heranzuziehen, verhindert eine einfache räumliche Veranschaulichung dieses Rahmens und vermindert die Möglichkeit direkter Rückversicherung darüber, ob eine spezifische Handlung sich im Rahmen bewegt oder aus dem Rahmen fällt.

Bezogen auf den Rahmen, den eine *Gemeinschaft* sich in der ihr spezifischen Lösung einer allgemeinen Konstellation von Handlungsproblemen passend zu ihrem *Selbstverständnis* als Gemeinschaft setzt, stellen die Charakteristika des Siedlungsgebildes Stadt: *Größe*, *Dichte* und *Heterogenität*, einerseits spezifische Antworten[16] auf

15 Als Gegenbeispiel hierzu kann für lange Zeit seiner Geschichte Mailand gelten, wo das Castello Sforzesco in seiner Lage zur Stadt die soziale Distanz zwischen Herrscher und Beherrschten räumlich sehr deutlich ausdrückte.

16 Hier stellt sich natürlich die Frage, worin diese Spezifität sich gründet. Wie wir sehen werden, ist bereits die Konstellation von Handlungsproblemen, auf die die Stadt als Ausdruck eines spezifischen Modus des Siedelns eine Antwort darstellt, von der Konstellation von Handlungsproblemen, auf die Siedlungen von der Form des Dorfes etwa eine Antwort darstellen, konstitutiv unterschieden.

eine Konstellation von Handlungsproblemen dar, die gegenüber der allgemeinen Konstellation auf die Siedlung generell eine Antwort darstellt, spezifischer sind: so sind etwa die Herausforderungen durch Einbettung in größere Einheiten (politisch-administrativ: Staat,[17] ökonomisch: Fernhandel) andere und auch die Herausforderungen durch Komparation und Konkurrenz mit Städten ähnlichen Ranges müssen hier betrachtet werden;[18] andererseits stellen die Charakteristika Folgeprobleme dar:

Wie kann angesichts der *Größe* die für die Aufrechterhaltung des Rahmens erforderliche, im Dorf etwa durch Kongruenz von räumlicher und sozialer Distanz gesicherte, *Kommunikation* sichergestellt werden?

Wie kann angesichts der *Dichte* die für die Aufrechterhaltung des Rahmens erforderliche, im Dorf durch soziale Nähe gesicherte, *Bezugsrelevanz* von räumlich nahen Interaktionspartnern sichergestellt werden?

Wie kann angesichts der *Heterogenität* der Zusammensiedelnden die zur Aufrechterhaltung des Rahmens erforderliche, im Dorf etwa durch hohe soziale Gleichförmigkeit unproblematische, *Gemeinsamkeit* sichergestellt werden?

Eine Stadt ist also als spezifische Lösung einer Konstellation von Handlungsproblemen, die sich von derjenigen Konstellation, die andere Siedlungsgebilden zu lösen haben, unterscheidet, zu betrachten. Insofern ist sie gerade durch die genannten Merkmale: Größe, Dichte und Heterogenität konstitutiv bestimmt. Diese Konstitutiva stellen nun offensichtlich einerseits Lösungen für eine spezifische Konstellation von Handlungsproblemen dar; andererseits aber erfordern sie für die Folgeprobleme, die sie darstellen, ihrerseits Lösungen, die

17 Helmuth Berking (2011 u. 2008) verweist hier auf Held 2005; vgl. unten, S. 35 und Fn. 51.

18 Darauf verweist Martina Löw (2008b: 46) und sieht hier ein Forschungsdesiderat. Hier ist zu unterscheiden zwischen (a) einer Konzeptualisierung der Herausforderungen als Handlungsprobleme, denen Städte sich stellen müssen und auf ihre je eigene Weise stellen, was auch zu Transformationen ihrer Eigenlogik führen kann, und (b) einer Konzeptualisierung dieser Relation als gegenstandskonstitutiv und damit die je konkrete Eigenlogik bestimmend. Diese Unterscheidung wird in der Formulierung, dass »das relationale Bezugssystem [...] das Eigene der Städte *formt*« (ebd.; Kursivierung hinzugefügt) ungewollt verwischt.

entsprechend verschiedene eigene Formen annehmen können. Das Gemeinsame aller Städte besteht also darin, Antwort auf eine besondere Konstellation von Handlungsproblemen zu sein, was sich in ihrer besonderen Form ausdrückt. Sie setzen somit einen besonderen Rahmen, der mit der Notwendigkeit einhergeht, für die benannten Folgeprobleme Lösungen zu entwickeln; das je Spezifische einer Stadt besteht in der je eigenen Gestalt, die diese Lösungen bei ihr annehmen.

Dimensionen der spezifischen Siedlungsform ›Stadt‹

Diese eigene Gestalt der Lösungen drückt sich (1) in der »*physical structure*« (Wirth 1938: 18)[19] der Stadt, in der »Stadt als bebaute[r] Umwelt« (Berking 2011: 3) aus; diese »physical structure« aber: als Raum, eröffnet wiederum Optionen und schließt andere aus. Damit ist sie durch die Stadt eigenlogisch strukturiert, ist opus operatum von deren modus operandi, und wirkt ihrerseits als modus operandi auf das Handeln ein.[20]

19 »comprising a population base, a technology, and an ecological order« (Wirth 1938: 18f.)

20 Mit dem Panofsky entlehnten Begriffspaar ›modus operandi‹ und ›opus operatum‹ führt der frühe Bourdieu das Konzept des Habitus ein (1967); dabei zieht er allerdings zwei unterschiedliche Dimensionen des Handelns zusammen. Das lässt sich am Beispiel des sprachlichen Handelns rasch verdeutlichen: Bourdieu unterscheidet, indem er den modus operandi mit dem Chomskyschen Begriff der generativen Grammatik gleichsetzt (a.a.O.: 164), nicht zwischen der Dimension der Grammatik, deren Regeln die möglichen sprachlichen Äußerungen *qua* Möglichkeiten eröffnet, und der Dimension der Praxis, deren Prinzipien den Sprecher bei seiner Wahl aus den grammatisch eröffneten Möglichkeiten bestimmen. Nur letztere sind mit dem Begriff des modus operandi oder eben des Habitus angemessen gefasst; für erstere treffen diese Begriffe nicht zu, es handelt sich vielmehr um Eröffnungsparameter (s. u.). – Allerdings ist das Bourdieusche Konzept des Habitus hier zugleich auch noch offen für die produktive Kraft der Zukunft eröffnenden Entscheidung; später wird es zunehmend deterministisch verkürzt. – Die analytische Verwendung der Bourdieuschen Begrifflichkeit von modus operandi und opus operatum soll nicht suggerieren, es sei sinnvoll, vom »Habitus der Stadt« (Bockrath 2008, Lee 1997) zu sprechen (s.u., Fn. 52).

Allgemeiner gefasst stellt (2) das »*system of social organization*« (Wirth 1938: 19)[21] den modus operandi dar, der sich eben auch in der »physical structure« ausdrückt. Die Regeln, die diesen modus operandi ausmachen, bewegen sich auf der Ebene von Routinen resp. Gewohnheiten,[22] Normen und Gesetzen.[23]

Schließlich, auf der Seite der handelnden Subjekte, der Angehörigen der Siedlungsgestalt ›Stadt‹, findet sich (3) ein »*set of attitudes and ideas*« (Wirth 1938: 19), das das Handeln und Deuten konkret bestimmt. Die eigenlogische Struktur der Stadt zeigt sich hier einerseits (a) in einer spezifischen Habitusformation,[24] andererseits (b) in spezifischen Deutungsmustern. Was bei Wirth als »set of attitudes and ideas« intern eine Differenzierung aufweist, die man in der Unterscheidung von Habitus und Deutungsmuster aufnehmen kann, wird in der phänomenologischen Tradition als »Doxa« zusammengezogen

21 »involving a characteristic social structure, a series of social institutions, and a typical pattern of social relationships« (ebd.)

22 Wenn Routinen bewährte Lösungen von Handlungsproblemen darstellen, so sind Gewohnheiten Routinen, die mit dem Selbstverständnis der Lebenspraxis locker verknüpft sind; man stellt sie nicht von sich aus infrage, aber wenn sie infragegestellt werden, werden sie mit eher geringer Erschütterung des Selbstverständnisses ohne große Zurückhaltung aufgegeben. Meist haben Handlungsprobleme nicht nur eine einzige Lösung, die die Chance auf sachliche Bewährung hat. Insofern werden häufig diejenigen Lösungen zu Routinen, die sich aus dem einen (Ursprungssituation) oder anderen Grund unreflektiert in das Gesamt der einer Lebenspraxis eigenen Einstellungen zur Welt einfügen; in dieser Hinsicht: im Hinblick auf die Gebundenheit an eine Lebenspraxis, nenne ich die Routinen Gewohnheiten.

23 »Organization«, wenn es eins zu eins ins Deutsche übersetzt wird, umfasst nur einen geringen Teil der Regeln des modus operandi; Organisation setzt eine Blaupause, also eine formale Festlegung der Regeln, im analytischen Sinne also Gesetze (vgl. Loer 2008: 178 f.) voraus; der Argumentationszusammenhang bei Wirth zeigt aber, dass er nicht dieses enge, begriffliche Verständnis des Terminus veranschlagt.

24 Ob und ggf. wie sich hier »die Qualitäten einer Stadt in das Fleisch des Körpers einschreib[en]« (Löw 2008b: 42) ist dabei noch zu fragen. Der Leib mit seiner Handlungsmitte (mit der phänomenologischen Tradition sprechen wir hier von Leib, nicht von Körper) verortet sich, das Subjekt ist beheimatet – diese Formulierungen verweisen auf die leibliche Dimension des Habitus, die aber noch zu bestimmen ist (für eine Annäherung vgl. u., S. 76 f.).

(vgl. Berking 2008: 24-28). Zugleich muss eine weitere Differenzierung in dem von Wirth »ideas« genannten vorgenommen werden: Es findet sich darin (α) die Deutung von Welt überhaupt, sodann (β) die explizite Selbstdeutung, die Berking mit Bourdieu als »Orthodoxie« bezeichnet (Berking 2008: 28), schließlich (γ) die gestaltete (Selbst- oder Fremd-) Deutung, die Lindner (2006) mit Wohl/Strauss (1958) und mit Suttles (1984) als »imaginary« bezeichnet.

Die Konstitution des Gegenstands ›Stadt‹ 2
Auf der Basis klassischer und weiterer stadtsoziologischer Studien

Vorbemerkungen

Der von der Darmstädter Forschungsgruppe, auf deren Einladung die vorliegenden Überlegungen angestellt wurden, geprägte Terminus ›Eigenlogik‹ ist mittlerweile in vielfältigen Diskussionen präsent und dient gewissermaßen als Etikett für den Ansatz dieser Forschungsgruppe, ohne dass dieser schon hinreichend geklärt wäre; in dieser Hinsicht ist er zu anspruchsvoll. In anderer Hinsicht jedoch ist er gleichwohl zu bescheiden. Wenn man etwa in Bezug auf die Dienstleistungsmetaphorik medizinischen Handelns liest: »Eine solche Vorstellung von medizinischer Leistung hat in der Eigenlogik des medizinischen Systems theoretisch wie im praktischen Vollzug wenig Platz.« (Bär 2012: A 197), wird deutlich, dass mit ›Eigenlogik‹ eine Eigenschaft eines Systems oder einer Struktur benannt ist, keineswegs aber das System oder die Struktur selbst als Gegenstand auf den Begriff gebracht wurde. Der Terminus ›Eigenlogik‹ soll aber ja gerade anzeigen, dass bei der Konzeptualisierung von Stadt von einem Gegenstand auszugehen ist, der eine wirkliche, wirkende Struktur darstellt.[25] Dort wo nicht der Terminus ›Einflussstruktur‹ verwendet wird, der diesen Gegenstand auf den Begriff zu bringen versucht (vgl.

25 Es sei festgehalten, dass Helmuth Berking in Diskussionen immer wieder darauf verwies, dass dies sich nicht mit seinem Verständnis von ›Eigenlogik‹ deckt; vielmehr geht er davon aus, dass die Eigenlogik einer Stadt etwas jeweils durch spezifische Prozesse der Verdichtung und Heterogenisierung Hergestelltes ist. Dabei bleibt einerseits zu klären, was genau unter ›Verdichtung‹ und ›Heterogenisierung‹ zu verstehen ist; andererseits, worin die Spezifität der Prozesse besteht und gründet.

Loer 2007a: 271 ff.), mag vorläufig mit der Wendung ›eigenlogische Struktur‹ vorliebgenommen werden.[26]

Der folgende Versuch zur Konstitution des Gegenstands ›Stadt‹ stützt sich vorrangig auf die klassischen stadtsoziologischen Texte von Max Weber (1921/1985), Georg Simmel (1903/1995) und Robert Ezra Park (1915, 1974), die im Hinblick auf die methodologische Rahmung von Stadtforschung herangezogen werden; darüber hinaus haben sich aber eine Reihe älterer und neuerer Autoren als bedeutsam erwiesen, auf die, wo möglich, entsprechend verwiesen wird.

Gegenstand ›Siedlung‹ und Gegenstand ›Stadt‹ – eine Erinnerung

In dem vorhergehenden Kapitel »Die Konstitution des Gegenstands ›Stadt‹ 1« wurde davon ausgegangen, dass *Siedlung* als Handlungsprozess (Nomen actionis) wie als Ergebnis eines Handlungsprozesses (Nomen acti) die Lösung eines Handlungsproblems bzw. eine Konstellation von Handlungsproblemen darstellt. Dies wurde dort andeutungsweise anthropologisch begründet. Siedlung wurde dementsprechend begriffen als sesshafte Weise, das Handlungsproblem der materiellen Reproduktion zu lösen. In die Siedlung geht demgemäß eine Auseinandersetzung mit geologischen, geographischen, klimatischen Handlungsbedingungen (vgl. o., Fn. 9) und solchen der Flora und Fauna ein. Zugleich, so wurde unterstellt, muss es ein Subjekt der Siedlung geben, eine – kollektive – Lebenspraxis, die einen bestimmten Raum besiedelt. Folglich wurde *Siedlung* als ein *Modus* der Lösung eines allgemeinen Handlungsproblems bzw. einer Konstellation von Handlungsproblemen verstanden, in dem eine *Gemeinschaft* sich einen zu ihrem *Selbstverständnis* als Gemeinschaft passenden *Rahmen* zur Bearbeitung dieser Handlungsprobleme setzt, der in dem Siedlungsgebilde, in dem die Gemeinschaft sesshaft ist, lokalisiert ist und in dessen Form zum Ausdruck kommt. Der Rahmen ist als Einflussstruktur (s. Loer 2007a: 229-276) zu begreifen, die bestimmte Lösungsoptionen positiv auszeichnet und andere ausschließt. Das Verhältnis der Einflussstruktur zur Form der Siedlung

26 Vgl. Martina Löws entsprechende Titelformulierung ›Eigenlogische Strukturen‹ (2008b).

ist so zu konzipieren, dass erstere die strukturierenden Prinzipien des Handelns der Siedlung und ihrer Angehörigen umfasst, das sich objektiviert. Die (ästhetisch) fassbare Gestalt dieser Objektivationen ist deren Form; die Form der Siedlung also die (ästhetisch) fassbare Gestalt der Objektivationen des Siedelns.[27]

Ausgehend von Charakteristika der *Stadt* gemäß der Bestimmungen von Louis Wirth (1938) wurde diese als eine Siedlung unter bestimmten Zusatzbedingungen begriffen: Die Charakteristika des Siedlungsgebildes Stadt: *Größe*, *Dichte* und *Heterogenität* stellen einerseits spezifische Antworten auf eine Konstellation von Handlungsproblemen dar, die gegenüber der allgemeinen Konstellation, auf die Siedlung generell eine Antwort darstellt, spezifischer ist; andererseits wurden die Charakteristika als Folgeprobleme verstanden, so dass formuliert werden konnte: Das Gemeinsame aller Städte besteht darin, Antwort auf eine besondere Konstellation von Handlungsproblemen zu sein, was sich in einem besonderen Modus zeigt,[28] womit zugleich ein besonderer Rahmen gesetzt wird. Dieser geht mit der Notwendigkeit einher, für die benannten Folgeprobleme Lösungen zu entwickeln; das je Spezifische einer Stadt besteht in der eigenen Gestalt, die diese Lösungen bei ihr annehmen:[29] Es gründet in der konstitutiven eigenlogischen Struktur; es zeigt sich in der Form der Stadt.

Die Beziehung zwischen Siedlung im allgemeinen und Stadt im besonderen ließe sich also wie folgt darstellen:

27 Vgl.: »Jede Stadt hat an sich eine ästhetische Erscheinungsform, die nun wirklich mehr oder weniger für alle Bürger gleich ist. Selbst wenn ihre soziale Lage verschieden ist, tragen sie doch alle neben dem Schichtmodell der Bürgerschaft auch ein ästhetisches Bild ihrer Stadtgemeinde im Kopf, dem sie sich mehr oder weniger verbunden fühlen.« (König 1970b: 104) – Zum Begriff der Gestalt und deren holistischer Erfassung s. u. den Exkurs, S. 49-52.

28 Mit Rolf Lindner kann man hier von »Kultur der Stadt« sprechen (1998: 259 f.; vgl. Noller 2011: 70).

29 Mit Rolf Lindner kann man hier von »Kultur einer Stadt« sprechen (1998: 262 f.; vgl. Noller 2011: 71).

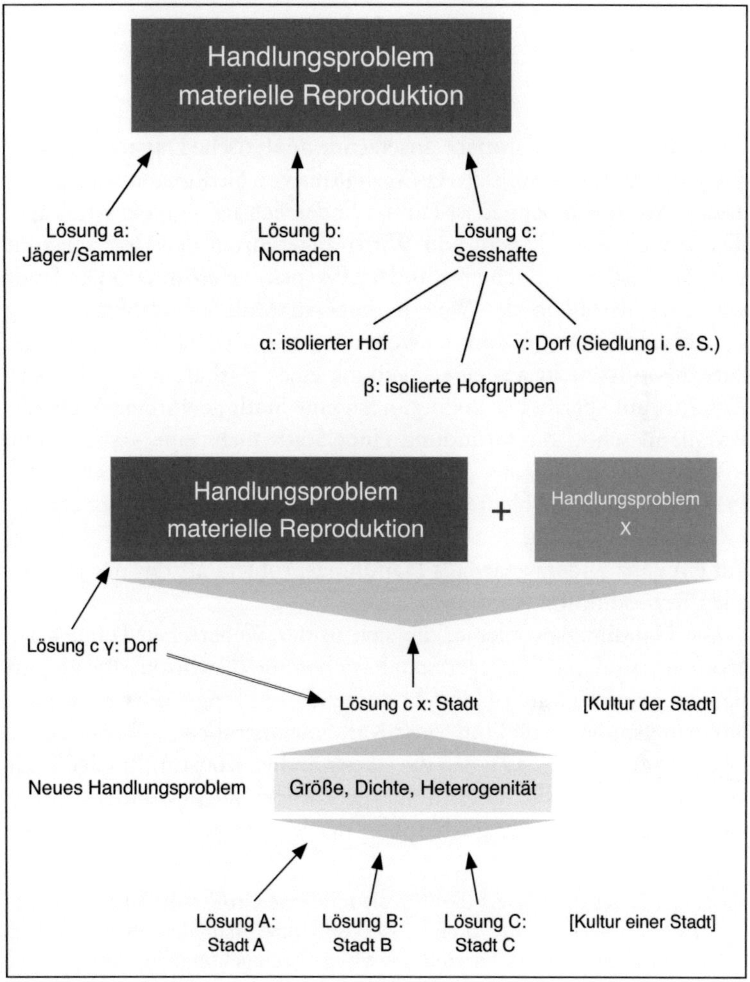

Abbildung 1: Stadt als spezifische Siedlungsweise

Gegenstand ›Siedlung‹ versus Gegenstand ›Stadt‹ – ein alternativer Begriff

Zieht man nun die historisch ansetzende analytische Darstellung Max Webers heran, so stellt sich das Verhältnis von Siedlung und Stadt auf andere Weise dar. Zunächst einmal findet sich bei ihm ein Merkmal, das prima vista mit dem von Wirth angeführten der Heterogenität verwandt ist, aber doch eine andere Perspektive eröffnet: »Die Stadt war [...] überall in der Welt in starkem Maß Zusammensiedlung von bisher Ortsfremden.« (Weber 1921/1985: 746)[30] Wenn dies zutrifft, so ist nicht aus einer Siedlung eines sesshaften Kollektivs in Antwort auf spezifische Bedingungen eine Stadt geworden. Vielmehr war dann schon die Gründung einer Stadt nicht eine – spezifische – Weise des Siedelns als Antwort auf ein – wie immer spezifiziertes (x) – Handlungsproblem der materiellen Reproduktion, sondern die »Zusammensiedlung von bisher Ortsfremden« muss eine Antwort auf ein ganz anders geartetes Handlungsproblem als das der materiellen Reproduktion sein.

Die Handlungsprobleme, die sich in der Weberschen Perspektive eröffnen, sind das der Herrschaftssicherung (Garnison, Burg) und das des Erwerbs durch Handel (Städte als »Anfangs- oder End- oder Kreuzungspunkte von Fluß- oder Karawanenstraßen« – Weber 1921/1985: 736; s. u., Fn. 42). Auf die eigenständige Konstitution der Stadt verweisen aber nicht diese säkularen Zwecke allein, sondern insbesondere »der [...] sakrale Charakter der Magistration in der Antike«

30 Karl Bücher qualifiziert dies für die moderne Großstadt: »die Hunderttausende, welche ihre Steinhäuser und ihre Asphaltstraßen erfüllen, sie oder ihre Vorfahren sind freiwillig hereingekommen, getrieben in der Haupsache von wirtschaftlichen Motiven; jeder kann die Stadt verlassen, wann er will; aber ihre Mauern werden darum nicht leer, ihre Wohnungen veröden nicht; von Jahr zu Jahr müssen vielmehr Hunderte neuer Gebäude errichtet werden, um die Menge zu fassen, die ihre Anziehungskraft wie mit magischer Gewalt hereinzieht.« (Bücher 1903: 8 f.) Vgl. auch seine konkreten, für die damalige Zeit recht beeindruckenden Beispiele: »So lebten 1900 in München unter 500 000 Einwohnern rund 320 000 Personen, welche nicht daselbst geboren waren, während gleichzeitig etwa 48 000 geborene Münchner an anderen Orten des Deutschen Reiches gefunden wurden.« (Bücher 1919: 446)

(Weber 1921/1985: 772). Die eigenständigen säkularen Zwecke der Städte sind zunächst immer auch sakral gegründet – sei es in der Sakralität des Herrschers, der eine Stadt an seiner Festung entstehen lässt zur Versorgung des Tempels wie der politischen Herrschaft, sei es in der sakralen Fundierung der Bürgerschaft und ihrer Untergliederungen (der Gilden, der Ortsteile etc.).

Die Merkmale, die Weber angesichts dieser Konstitution der Stadt ihr zuschreibt: »Politische Selbständigkeit« (a.a.O.: 788), »autonome Rechtssatzung« (a.a.O.: 789), »Autokephalie« (a.a.O.: 790), »Steuergewalt« (a.a.O.: 791), »Marktrecht« (ebd.) und in der Außenbeziehung den Gegensatz von Markt und Oikos (a.a.O.: 793), sind Merkmale, die sich in Antwort auf die eigenständigen Zwecke der Gründung der Stadt herausbilden, sie, obwohl sie ihr sich letztlich, wie die Autonomie und die Autokephalie, entgegenstellen, zunächst unterstützend. Diese dialektische Entwicklung gilt Weber als typisch für die okzidentalen Städte, die so aus auch in anderswo zu findenden städtischen Siedlungen, die etwa politische Zentren versorgten, zu Städten mit einer eigenen Handlungslogik emergierten: »Zu einer verschieden umfangreichen Autonomie der Stadt, wie sie dem okzidentalen Mittelalter spezifisch ist, führte die Entwicklung nur deshalb und nur so weit, weil und als die außerstädtischen Gewalthaber – das war das einzige durchgehend Entscheidende – noch nicht über denjenigen geschulten Apparat von Beamten verfügten, um das Bedürfnis nach Verwaltung städtischer Angelegenheiten auch nur so weit befriedigen zu können, als es ihr eigenes Interesse an der ökonomischen Entwicklung der Stadt verlangte.« (Weber 1921/1985: 805)[31] Damit ging im Laufe der Geschichte der Stadt dann das Politische auf die Bürger, die zunächst vor allem die »Pflicht der Erhaltung und Bewachung der Befestigung« hatten (Weber 1921/1985: 733) über, die so einen

31 Versuche, Webers Herausarbeitung der Besonderheit der okzidentalen Entwicklung durch den Hinweis auf Ähnlichkeiten zu bestreiten, lassen sich – wie auch in der Debatte um den okzidentalen Rationalisierungsprozess generell – zurückweisen: »Differences in spatial and social organization, administrative relations to a central government, and urban culture doom the attempt to find the lowest common denominator among Augustan Rome, Uruk, medieval Damascus, Bruges, and Xian. Superficial similarities of economic organization and function do not compensate for widely varying political, social, and cultural arrangements.« (Hohenberg/Lees 1995:23)

autonomen Verband bildeten (a.a.O.: 732), da die Übernahme von Pflichten und Verantwortung nach Entscheidungsbefugnis verlangt.

Schon der frühe Geograph Johann Georg Kohl, der von den Stadtforschern, besser: Stadtdenkern, an der Wende vom 19. zum 20. und am Beginn des 20. Jahrhunderts wegen seiner aufschlussreichen Bestimmungen immer wieder zitiert wird, stellt die Eigenständigkeit der Städte gegenüber anderen Siedlungsformen heraus – allerdings bleibt seine positive Bestimmung der Stadt noch unentschieden. So heißt es einerseits deutlich: »Die Städte werden meistens auch als Städte geboren, und in der Regel findet kein Uebergang von einem Dorfe zum Flecken, von einem Flecken zu einer Stadt u.s.w. statt, weil die Städte ganz andere Bedürfnisse haben, ganz andere Situationen suchen und daher mit jenen Ansiedelungen in vieler Hinsicht gar nicht unter eine Regel gehören. Ja, es kann geographische Verhältnisse geben, unter denen eine große Stadt ganz vortrefflich gedeihen kann, da an derselben Stelle für ein Dorf nicht Platz sein würde. [Fn.: »Der Felsen Gibraltar, früher Malta, sandige dürre Striche an den Küsten der Meere, auf denen Städte blühen, aber keine ackerbauende Dörfer wurzeln können, und andere ähnliche Puncte geben Beispiele dazu.«]« (Kohl 1841: 168) Andererseits aber auch: »Sehr häufig indessen mag doch dieser Uebergang von Dorf zu Flecken und Städten u.s.w. stattgefunden haben. In solchen Fällen könnte man dann die Dörfer gleichsam als die Embryos der Städte, als unentwickelte Städte betrachten, die anfangs eine mehr oder weniger simple Längenausdehnung zeigen und erst bei fortschreitender Entwickelung Seitenäste und Glieder hervortreiben. Bei den weiter entwickelten Dörfern, den Flecken, die schon mit städtischen Elementen gemischt sind, tritt sogleich in Ausbildung zweier oder dreier Nebenstraßen ein Streben nach Concentrirung hervor. Je mehr der Flecken sich einer Stadt nähert, desto ausgerundeter erscheint er, und die Stadt selbst endlich stellt, wo es die Umstände nur erlauben, ein völlig kreisförmig entwickeltes centrales Gebilde dar.« (Kohl 1841: 168) Das Konzentrische also ist bei Kohl Kriterium der Stadt, ein Konstitutivum, das nicht in der Größe liegt: »Die einfachste Organisation des Lebens findet unter uns bei den Landbauern statt. Bei ihnen genügt noch jeder Haushalt weit mehr sich selbst, es hat noch nicht der Eine den Anderen so unabweislich nöthig, da Jeder auf seiner Wiese, auf seinem Felde, in seinem Stalle und Hause fast Alles besitzt, dessen er bedarf. Obgleich freilich auch bei ihnen ein

Zusammenbauen der Wohnungen nicht ohne Vortheile und sogar im Ganzen ungewöhnlich ist, so ist doch eine innige, rasche und leichte Communication im Inneren nicht so sehr Bedürfnis wie bei den Bürgern der Städte.« (Kohl 1841: 167) »Die Dörfer haben daher eine sehr einfache Organisation und ein sehr wenig entschiedenes Streben zur Concentration.« (a.a.O.: 168) Nun ist aber Konzentration, wie es hier der Geograph beschreibt, Form des Zusammenlebens. In dieser Form kommt ein spezifischer Modus des Siedelns zum Ausdruck, der durch die spezifischen Handlungsprobleme bedingt ist, auf die er eine Antwort darstellt. Damit ist klar, dass Kohl die analytische Bestimmung: spezifische Form als Ausdruck des Konstitutivums der Stadt im Gegensatz zum Dorf, mit der historischen Beschreibung: Städte als aus Flecken hervorgegangen, vermengt. Kohl bestimmt in geographischer Perspektive als ein konstitutives Handlungsproblem etwa das des Verkehrs: »Die Gestaltung der Erdoberfläche, d. h. die Art der Um- und Abgränzung des Festlandes mit dem Flüssigen, der Gebirge mit den Ebenen und aller der anderen Terrainverschiedenheiten unter einander, bewirkt insofern eine Condensirung der Bevölkerung an gewissen Puncten, als sie dem menschlichen Verkehre hier und da entweder Vorschub leistet oder ihm hindernd in den Weg tritt.« (Kohl 1841: 2)[32] – Was also die Stadt als Knoten im Verkehrswegenetz angeht, so spielt zunächst die »Gestaltung der Erdoberfläche« eine wichtige Rolle;[33] dies kann gar dazu führen, dass die Möglichkeit zur Nahrungsmittelproduktion sekundär wird, dass Nahrung zugeführt werden muss.[34] Des weiteren wird zunehmend

32 Vgl.: »Die geografische Lage mit ihren natürlichen Gegebenheiten ist eine wichtige Bedingung dafür, was aus einer Stadt werden kann und was nicht.« (Rodenstein 2008: 274)

33 Dass dies nicht nur für Verkehr gilt, macht Ratzel deutlich: »Die politische Stadt sucht den Mittelpunkt ihres Gebietes oder die Stelle größten Einflusses oder den Schutz einer schwer angreifbaren Erdstelle. Die Verkehrsstädte dagegen sind zuerst unmittelbar von der Natur abhängig. Denn insoweit der Verkehr sich an die Natur anlehnt, fallen seine Wirkungen mit denen der Natur in der Städtegründung zusammen.« (Ratzel 1922: 302) – Auch hier ist wieder zu beachten, dass empirisch meist Mischungsverhältnisse vorkommen – etwa Paris mit der Insel als Schutz- und der Seine-Furt als Verkehrsmöglichkeit.

34 »Oder es kann geschehen, daß auf einem sehr unproductiven Orte, der aber wegen der Gestaltung des Bodens für den Verkehr sehr gelegen ist,

die Möglichkeit künstlicher Gestaltung der Erdoberfläche genutzt;[35] bis schließlich, was den Verkehr angeht, »die entschieden vollkommenste aller Verkehrsstraßen«: der Luftverkehr,[36] genutzt werden kann, so dass Verkehrsnetze und -zentren entstehen können, die nur noch insofern von der »Gestaltung der Erdoberfläche« abhängig sind, als einerseits Entfernungen eine Rolle spielen, andererseits Start- und Landemöglichkeiten geschaffen werden können müssen.[37]

wie z.B. auf einem sandigen, wüsten Isthmus, eine Menge von Menschen zusammengeführt wird.« (Kohl 1841: 3) – Für Werner Sombart ist die Fremdversorgung gar Definiens der Stadt, ohne dass er den Grund für die Fremdversorgung als konstitutiv markierte: »eine Stadt im ökonomischen Sinne ist eine größere Ansiedlung von Menschen, die für ihren Unterhalt auf die Erzeugnisse fremder landwirtschaftlicher Arbeit angewiesen ist.« (Sombart 1907: 4) Ebenso Hohenberg und Lees: »cities are sizable settlements of people most of whom do not grow food.« (Hohenberg/Lees 1995: 17)

35 »Anfangs benutzte der Mensch allerdings die Erdoberfläche nur in dem Zustande, in welchem die Natur sie ihm bot. Doch lernte er es bald, sie sich seinem Zwecke gemäß umzubilden. [...] künstliche Bebahnung der Erdoberfläche« (Kohl 1841: 5f.).

36 Unter dem Titel »Luftverkehr« heißt es bereits 1841 bei Johann Georg Kohl: »Die entschieden vollkommenste aller Verkehrsstraßen und das großartigste aller Bewegungselemente ist die Luft. Sie ist ununterbrochen, durch keine anderen Gliederformen getrennt und umgiebt die ganze Erde in einem stets gleichförmigen Zustande. Es ist aber dem menschlichen Erfindungsgeiste noch wenig geglückt, ein Vehikel zu erfinden, das eine freie und willkürliche Bewegung in diesem Elemente möglich machte. Weder hat es uns gelingen wollen, uns einiger der starken Luftschwinger so zu bemächtigen, daß wir sie zum Tragen großer Lasten und Leitung geschickt machen könnten, (außer der bekannten Briefbeförderung durch Tauben, die in Belgien und China üblich ist, kommt wohl nichts weiter der Art vor) noch sind wir bis jetzt bedeutend in der Kunst fortgeschritten, mit unseren Ballons uns in die Luft zu schwingen und zu dirigieren. Die Hauptschwierigkeit liegt darin, daß hier, anders als bei'm Wasser, dasselbe Element zugleich Bewegungsbasis und bewegende Kraft ist.« (Kohl 1841: 67)

37 Kohl vertritt aber keinen geographischen Determinismus, sondern verweist darauf, dass die Verortung der Städte zueinander (bzw. zu anderen Ansiedlungen) bei Analyse immer schon zu beachten sei: »Die einmal in's Leben getretenen Ansiedlungen suchen die ganze Umgegend in Bezug auf sich zu organisiren und sich selber in Besitz aller Vortheile

Auch die interne Differenzierung von Städten, ihre interne Heterogenität sowie deren Grund sind bei Kohl bereits thematisch, so hält er fest, »daß sich jede menschliche Ansiedelung mehr oder weniger als das Product vielfältiger Bestrebungen betrachten läßt und in der Regel als eine Composition von Ansiedelungen sehr verschiedener Art angesehen werden muß. Es ist für die Folge wichtig, dieß im Auge zu behalten, da es oft nöthig sein wird, in einem und demselben Stadtganzen die verschiedenen Bestandtheile, aus denen es zusammengesetzt ist, zu unterscheiden, eine und dieselbe Ansiedelung in die verschiedenen Colonieen, aus denen sie besteht, aufzulösen und die darin enthaltene Handelscolonie von der Künstler- und Gelehrtencolonie zu trennen und die Kräfte, welche sich mit den Gewerben beschäftigen, von denen, welche sich der politischen Verwaltung widmen, zu sondern. Denn nur einem solchen Verfahren wird es möglich sein, zu entscheiden, was ein Ort der Natur der Verhältnisse und seiner geographischen Lage und was er dem Zufall und der Willkühr zu verdanken habe.« (Kohl 1841: 34) – Diese geographische Sichtweise eröffnet den Blick auf die Eigenlogik der internen Differenzierung, auch wenn sie dieser Sichtweise zunächst noch nur als Zufall erscheint.

Schließlich sei noch ein Aspekt der Darlegungen Kohls herangezogen, der für die Frage nach der eigenlogischen Strukturiertheit und Strukturierungskraft von Städten besonders aufschlussreich ist: »Die Neigungen, Moden, Launen, Gewohnheiten, Vorlieben und Leidenschaften, von denen Städte eben so gut beherrscht werden, wie jedes Einzelwesen, werden theils durch die Lage und Umgebung der Stadt hervorgerufen, theils aber locken sie auch wiederum um-

derselben zu setzen. Sie hindern daher in ihrem Verkehrsbezirke alle anderen Ansiedlungen, die mit ihnen concurriren könnten, rufen aber zugleich auch in jenem Bezirke gewisse Ansiedelungen hervor, die ihnen dienen und helfen mögen. Es entstehen daher an manchen Puncten Ansiedelungen, wo man nach der Gestaltung der Erdoberfläche gerade keine erwarten sollte, oder es erscheinen an anderen keine Ansiedelungen, wo man sie erwarten sollte, und es ist daher nöthig, auch jene von den schon existirenden Ansiedelungen ausgehenden, anderweitige Ansiedelungen hindernden oder fördernden Kräfte zu erwägen.« (Kohl 1841: 6f.) Es ist also keineswegs erst ein Phänomen der Globalisierung, dass Städte sich aufeinander beziehen und aufeinander zu beziehen sind; es ändert sich mit den Verkehrs- und Kommunikationsmöglichkeiten nur der Rahmen, in dem dies geschieht.

gekehrt allerlei Talente und Producte in ihrer Umgebung in's Leben. Nach dem Sprüchworte panem et circenses kann man alle hierher gehörigen Bedürfnisse der Städte in solche nach Brod und in die nach Vergnügen, und ebenso alle Orte in die brodgebenden und vergnügengewährenden eintheilen.« (Kohl 1841: 194f.)[38] Berücksichtigt man hierbei, dass »die Lage und Umgebung der Stadt« ihrerseits ja als Antwort auf ein Handlungsproblem – natürlich heißt das zugleich: als Wahrnehmung einer Option – zu begreifen ist, so wird deutlich: *Die Eigenlogik einer Stadt gründet in den spezifischen Handlungsproblemen, auf die sie eine Antwort darstellt* (s.o., S. 21).[39] Dabei ist zu berücksichtigen, worauf die Historiker Hohenberg und Lees hinweisen: Welche spezifischen Handlungsprobleme durch die Gründung bzw. Herausbildung einer Stadt auch immer gelöst wurden, »they can persist only if large communities are economically viable.« (Hohenberg/Lees 1995: 17) Viele Festungen und Marktflecken sind wüstgefallen, ohne dass sie dauerhaft oder überhaupt hätten Städte ausbilden können.

In der Perspektive der so begründeten Konstitutionstheorie der Stadt erscheint auch die Wirthsche Konzeption von Stadt in neuem Licht. Wenn Wirth etwa schreibt: »Since the city is the product of growth rather than of instantaneous creation, it is to be expected that the influences which it exerts upon the modes of life should not be able to wipe out completely the previously dominant modes of human association. To greater or lesser degree, therefore, our social life bears the imprint of an earlier folk society, the characteristic modes of settlement of which were the farm, the manor, and the village.« (Wirth 1938: 3), so lässt sich darin eine Ungeschiedenheit von historischer und konstitutionstheoretischer Betrachtung feststellen. Konstitutionstheoretisch betrachtet ist Gesellschaft, die sich durch Rollenförmigkeit auszeichnet, in Gemeinschaft fundiert (vgl. Oevermann 2000b) und selbst in den differenziertesten Städten sind die Rollenträger ganze Personen; historisch aber entsteht mit der Stadt durchaus etwas Neues, das nicht mehr mit dem Modell der dörflichen Gemeinschaft zu fassen ist. – Und Wirths Bestimmung: »For sociological purposes a city may be defined as a relatively large,

38 Vgl. Webers Unterscheidung von Produzenten- und Konsumentenstadt (Weber 1921/1985: 729).

39 Für »die Isthmen« zeigt Kohl z.B. entsprechend »folgende Arten von Ansiedelungen auf: 1) Stapelplätze und Speditionsorte, 2) Festungen, 3)

dense, and permanent settlement of socially heterogeneous individuals.« (a. a. O.: 8) verbleibt deskriptiv, solange man nicht aufzeigt, dass diese Weise des Siedelns eine Antwort auf ein (stadt-) konstitutives Handlungsproblem darstellt. Der Ursprung der Stadt als politschen, religiösen oder wirtschaftlichen Zentrums erfordert genau diese Siedlungsweise.

Eine Analogie mag die Frage nach dem Gegenstand ›Stadt‹ weiter erhellen. Wenn wir den Gegenstand ›Familie‹ bestimmen und aus der Untersuchung gegebenener spezifischer Familien zum generellen Begriff aufsteigen wollen, so betrachten wir Familie als Institution in dem Sinne, dass sie, wie jede Institution, als Lösung eines gesellschaftlichen Handlungsproblems[40] gesehen werden muss: des gesellschaftlichen Handlungsproblems von sexueller Reproduktion der Gattung und kultureller Reproduktion der spezifischen Gemeinschaft.

Was bedeutet es vor diesem Hintergrund, dass der Ursprung von Städten überwiegend, wenn nicht stets im Zusammenhang mit einem religiösen (Tempel, geistliches oder auch geistiges Zentrum), politischen (Festung zur Herrschaftssicherung, Residenz) oder ökonomischen (Markt, Stapelplatz, Verkehrsknotenpunkt, Produktionsstätte) Ort steht?[41] Ziehen wir hier die Etymologie von ›Ort‹ heran (Grimm/Grimm 1889/1984: Sp. 1351 ff.), so wird deutlich, dass Ort ursprünglich zu verstehen ist als Handlungs-, ja Entscheidungsort noch ungeschieden zwischen seinem sozial-räumlichen und physikalisch-räumlichen Sinn. Ort ist also in unserem Zusammenhang als *Ort des religiösen, politischen und/oder ökonomischen Entscheidens* zu verstehen, der als dieser ein Ort des Übergangs ist und von daher

Stationen für den Landhandel, und 4) Häfen für die Vermittelung der beiden Meere.« (Kohl 1841: 385)

40 Dieser Begriff der Institution, der so verschiedene Aspekte, wie die von Arnold Gehlen (1941), Maurice Hauriou (1925), M. Rainer Lepsius (1990) und anderen hervorgehobenen, zu integrieren vermag, wäre noch zu einer Theorie der Institution zu entfalten; dafür ist hier nicht der Ort.

41 Dass dies nicht immer nur *einer* der genannten Orte sein muss, liegt auf der Hand; vgl. Max Webers Bemerkung, »daß die Stadt, wo sie überhaupt als ein vom Lande unterschiedenes Gebilde auftritt, sowohl Grundherren- oder Fürstensitz wie Marktort ist, ökonomische Mittelpunkte beider Art – Oikos und Markt – nebeneinander besitzt« (Weber 1921/1985: 728).

nicht sich selbst genügend, im Wortsinn: autark, bestehen kann. In der oben erwähnten Analogie ist Stadt nun zu verstehen als Lösung der Handlungsprobleme der Versorgung eines solchen – religiösen, politischen oder ökonomischen – Ortes. *Stadt* ist also die *Lösung des Problems des Auf-Dauer-Stellens eines (per definitionem) nicht autarken Ortes.*

Der *Ort* ist es, der dafür sorgt, dass Städte, wie Friedrich Ratzel mit Bezug auf Kohl formuliert, »ihre Legitimation gleichsam im Taufschein besitzen« (Ratzel 1922: 293). Somit lässt sich auch die Ambivalenz Kohls (s.o., S. 24 plausibel machen: Die Behauptung »Städte werden meistens auch als Städte geboren« (Kohl 1841: 168) gilt zunächst für Städte, die der Versorgung eines Ortes dienen, der nicht aus einer Siedlung hervorgegangen ist. Aber auch Städte, die einem Ort dienen, der aus einer Siedlung hervorgegangen ist (wie etwa Coventry; vgl. Lee 1997: 136-140) »werden [...] als Städte geboren«, denn sobald diese Siedlung den Charakter eines Ortes bekommt (im Beispiel Coventrys den eines Produktionsortes), ist dieser – anders als die Siedlung noch zuvor – nicht mehr autark und bedarf der Erfüllung verschiedener Versorgungs-, Unterstützungs- und Ordnungsfunktionen, wofür sich eben die Stadt herausbildet (im Beispiel Coventrys u. a. die Koordination der verschiedenen Teilproduktionsorte mit- und deren Kommunikation untereinander; Lee 1997: 138).

Fragen wir nun weiter, worin das entsprechende Handlungsproblem des Auf-Dauer-Stellens besteht. Die Menschen »vor Ort« widmen sich einer spezifischen, ausdifferenzierten Tätigkeit[42] und müssen entsprechend alimentiert werden. Diese Alimentation umfasst die Versorgung mit Lebensmitteln und weiteren, für ihre Tätigkeit benötigten Materialien ebenso, wie die diese Tätigkeit ermöglichenden und unterstützenden Dienstleistungen und schließlich auch die Sicherstellung der Reproduktion.

Damit ist die Sozialgestalt der Stadt eindeutig von der des Dorfes geschieden; letztere ist auf Subsistenz gegründet. Wenn erstere nun

42 »Wenn wir von einer größeren konzentrierten oder verdichteten Anhäufung von menschlichen Wohnstätten sprechen, welche ihre Nahrung nicht zumeist unmittelbar aus dem umgebenden Boden durch landwirtschaftliche Tätigkeit gewinnt, sondern teilweise auch auf Verkehr, Handel, Industrie, auf Beamte und Garnison angewiesen ist, so bezeichnen wir wesentliche Eigenschaften vieler Städte, ohne indessen den Gegenstand zu erschöpfen.« (Ratzel 1922: 293)

aber die verschiedenen Funktionen der Alimentation des Ortes übernimmt, so ist sie wegen der Ausdifferenzierung der verschiedenen Funktionen selbst nicht in vollem Umfang in der Lage, ihre eigene Subsistenz zu sichern. Hierzu bedarf es einer weiteren Ausdifferenzierung: der von Alimentierenden und Zulieferern, die das Alimentieren ermöglichen, indem sie einerseits die entsprechenden Rohstoffe zur Verfügung stellen, andererseits die Alimentierenden ihrerseits versorgen. Wir sehen hier, dass die von Sombart wie von Hohenberg und Lees als Merkmal der Stadt herausgestellte Fremdversorgung (vgl. Fn. 34) ein sekundäres Merkmal ist, das allerdings im historischen Prozess in dem Maße in den Vordergrund trat, in dem der Ort als konstitutiver Kern der Stadt in den Hintergrund trat.

Wie verhält es sich nun mit den von Wirth genannten – und im Anschluss an ihn auch von der Darmstädter Arbeitsgruppe zur Eigenlogik der Stadt (s. Berking 2011) herangezogenen – deskriptiven Merkmalen: »For sociological purposes a city may be defined as a relatively large, dense, and permanent settlement of socially heterogeneous individuals.« (Wirth 1938: 8) Zu beachten ist zunächst, dass Wirth hier nicht von absoluten, sondern von relativen Eigenschaften spricht. Was ist der Vergleichsmaßstab? Er ist bei Wirth nicht näher bestimmt, wird also der Erfahrung des Lesers überlassen. Nimmt dieser ein 300-Seelen-Dorf zum Maßstab, so ist die Stadt Bergkamen mit 52 000 Einwohnern und einem Stadtgebiet von 45 qkm relativ *groß*; betrachtet man, dass allein 80 000 Zuschauer ins Dortmunder Westfalenstadion passen, ist die Stadt Bergkamen relativ klein. Berlin mit ca. 3 900 Einw./qkm ist im Verhältnis zu Dortmund mit ca. 2 070 Einw./qkm relativ *dicht* besiedelt; vergleicht man Dortmund hingegen wiederum mit Bergkamen mit ca. 1 500 Einw./qkm, sieht es anders aus. Köln, auf *Oppidum Ubiorum* zurückgehend, das im Jahre 50 n. Chr. zur Stadt erhoben wurde, ist relativ *dauerhaft*; Wolfsburg, das am 1. Juli 1938 durch Verordnung des Oberpräsidenten der Regierung zu Lüneburg als »Stadt des KdF-Wagens bei Fallersleben« gegründet wurde, hingegegen relativ jung. Schließlich bleibt die Heterogenität, die Wirth ja als absolut gegeben anführt; aber auch hier bedürfte es der genaueren Bestimmung, was mit *sozial heterogenen* Individuen gemeint ist. – Was also könnte ein Maßstab sein? Bevor wir uns dieser Frage zuwenden, müssen wir beachten, dass Wirth nicht schlicht von einem quantitativen Verständnis seiner Merkmale ausgeht; entscheidend ist ein soziologisches Verständnis: »these criteria must be seen as relativ to the general cultural context in which cities arise and exist and are sociologically relevant only in so far as they operate as conditioning factors in social life.« (Wirth 1938: 6) Damit ist klar, dass Größe, Dichte, Dauer und auch Heterogenität dann relevant sind, wenn sie Auswirkungen auf das Handeln haben. Wie ist das zu verstehen? *Größe* steht etwa in Relation zur Möglichkeit von Transport und Kommunikation: Wenn ein Akteur eine halbe Stunde benötigt, um durch die Stadt zum Partner einer Interaktion zu kommen, wird er die Interaktionen mit ihm sehr viel sorgfältiger planen müssen, als wenn er schlicht die Straße überqueren müsste. Es wächst in der großen Stadt somit selbst in gemeinschaftliche Beziehungen ein Moment von rollenförmiger Organisation hinein: Es muss eine Verabredung erfolgen, formale Regeln der Planung müssen verbindlich eingerichtet werden etc.[43] – *Dichte*, mit Wirth verstanden als »close physical contact and distant social relations« (Wirth 1938: 1), führt ebenfalls zu Formen des Verhältnisses von Vergemeinschaftung und Vergesellschaftung, die je nach Ausprägung und nach Ursprungskultur der Stadtbewohner unterschiedliche Ausprägungen annimmt (zum Theorem der Blasiertheit s. Kap. »3 Methodische Ansätze zur Untersuchung des Gegenstands ›Stadt‹«). – *Dauer* einer Stadt wiederum nicht rein quantitativ als Bestehen in der physikalischen Zeit, sondern als sozialzeitlich verstanden, bedeutet, was das Theorem der Eigenlogik zu fassen versucht: Die Stadt – selbst wenn sie in physikalischer Zeit gemessen kürzer als Wolfsburg oder Eisenhüttenstadt besteht oder wie Kabah auf der mexikanischen Halbinsel Yucatán längst untergegangen ist – entfaltet eine handlungsstrukturierende, wenn nicht gar generierende Wirkung, die, wie die nur kürzeste Zeit geltenden Regeln eines Kinderspiels, eine innere Dauer haben: innerhalb des von ihnen definierten Spiels gelten sie universell. – Wie ist nun *soziale Heterogenität* zu verstehen? Offensichtlich bedarf es für die Rede von sozialer Heterogenität eines gewissen Grades an sozialer

43 Vgl. Simmel: »Die Beziehungen und Angelegenheiten des typischen Großstädters pflegen so mannigfaltige und komplizierte zu sein, vor allem: durch die Anhäufung so vieler Menschen mit so differenzierten Interessen greifen ihre Beziehungen und Bethätigungen zu einem so vielgliederigen Organismus ineinander, daß ohne die genaueste Pünktlichkeit in Versprechungen und Leistungen das Ganze zu einem untentwirrbaren Chaos zusammenbrechen würde.« (Simmel 1903: 191f.)

Differenzierung, die sich von sozialen Unterschieden, die es in jedem Dorf gibt, systematisch unterscheidet.

Ausgehend von unserer Bestimmung von Stadt lässt sich nun erkennen, dass Wirths Bestimmungen bereits als *Folgen* der Stadtbildung zu verstehen sind, die mit der Lösung des Problems des Auf-Dauer-Stellens eines nicht autarken Ortes unvermeidlich verknüpft sind. *Größe* im Sinne des Entstehens von Austauschnotwendigkeiten (Fremdheit, Kommunikation, Dislokation) lässt sich schon bei einer relativ geringen räumlichen Ausdehnung feststellen, muss doch eine soziale Distanz überwunden werden, um die Versorgung des Ortes sicherzustellen; die räumliche Ausdehnung ist nur eine spezifische Ausprägung davon. Weiterhin lässt sich sagen, dass auch *Dichte*, also eine relative räumliche Nähe bei sozialer Distanz, ein Aspekt der Lösung ist, die in der Form der Stadt zum Ausdruck kommt; ebenso, wie oben gesehen, eine relative *Dauer*. Das Merkmal der *sozialen Heterogenität* nimmt zu, je komplexer die Anforderungen an die Lösung werden, ist aber bereits in deren Ursprung angelegt – da ja etwa differente Auswärtige (vgl. Weber, s.o., S. 22) rekrutiert werden müssen, die »divergent personalities and modes of life« (Wirth 1938: 15) aufweisen.[44] Die Merkmale lassen sich also letztlich in Bezug auf den jeweiligen Ort (im dem hier verwendeten engeren Sinne) bzw. die wesentlich durch den Ort bestimmte Konstellation als abgeleitet bestimmen. – Damit wären wir aber bereits bei einem spezifischen Aspekt einer jeweiligen Stadt.

44 Schon Karl Bücher machte darauf aufmerksam, dass Heterogenität nicht per se Folge des Anteils der Ortsfremden ist: »Denn wenn man z.B. von der Stadt München ermittelt hat, daß 1900 die Zahl der Ortsgebürtigen 36 Prozent betrug, und von Hamburg, daß sie 50 Prozent ausmachte, so ist mit der bloßen Tatsache, daß dort 14 Prozent Fremdbürtige mehr in der Bevölkerung enthalten sind, noch nicht bewiesen, daß die Münchener Bevölkerung um so viel ungleichartiger ist als die Hamburger, und daß dort der Prozeß der gegenseitigen sozialen Anpassung mit heftigeren Reibungen und Kämpfen verbunden sein muß als hier.« (Bücher 1919: 449)

Eine Stadt als Fall[45]

Wenn nun *eine* Stadt unser Fall ist, ein Fall von was ist sie dann? Ziehen wir nochmals die Analogie zur Familiensoziologie heran: Untersuchen wir eine spezifische Familie, etwa um unsere familiensoziologische Begriffsbildung voranzutreiben, so betrachten wir die spezifische Familie als Fall der Institution Familie; in seiner Besonderheit ist dieser Fall also zugleich ein Allgemeines.[46] In analoger Weise stellt nun eine *spezifische Stadt* eine *besondere Weise des Auf-Dauer-Stellens eines spezifischen nicht autarken Ortes* dar – zumindest in ihrem Ursprung. Dabei ist klar, dass es nicht *den* Ursprungsmoment einer Stadt gibt; vielmehr müssen wir von einer komplexen Ursprungskonstellation ausgehen, auf die die Stadt eine spezifische Antwort darstellt. Unabhängig davon, ob eine Stadt gegründet wurde oder entstand, ist ihre eigenlogische Struktur also zu verstehen als sich auf Dauer stellende Antwort auf eine Ursprungskonstellation.[47] Diese Situation der Ausbildung der eigenlogischen Struktur in der Ursprungskonstellation lässt sich treffend als »formative Periode« bezeichnen (Berking/Schwenk 2011: 256), womit auch zum Ausdruck gebracht ist, dass sie nicht als ein momenthaftes, instantanes Ereignis zu verstehen ist.

Was sind nun die vorab bestimmbaren Dimensionen einer solchen Ursprungskonstellation, deren Ausprägungen in die Besonderheit der spezifischen Stadt eingehen?[48]

Zunächst ist es die Dimension des *Handlungsproblems* selbst: Der Ort, dem die Stadt dient(e) kann, wie gesehen, religiösen, politi-

45 Vgl. hierzu Loer 2007b.

46 Wir haben es hier nicht mit der klassifikatorischen Zuordnung eines einzelnen Exemplars zu seiner Klasse zu tun – deshalb ist die Rede von ›Einzelfall‹ auch unangemessen –, sondern mit dem Fall als besonderer Realisierung des Allgemeinen; vgl. Oevermann 1981, 2000a: 116-129.

47 Der Fundierung der Eigengestalt der Städte in ihrer Ursprungskonstellation, begriffen als Aufgabe, findet sich auch bei Ratzel: »Die Dörfer gleichen in jeder Landschaft einander in Größe und Form viel mehr als die Städte, da ihre Aufgabe eine viel einfachere, weniger Abwandlungen zulassende ist.« (Ratzel 1922: 286) In diesem Sinne unterscheidet er Städte im statistischen Sinne von Städten im geographisch-historischen Sinne (a.a.O.: 288).

48 Diese Spekulationen – im Sinne der »hypothetische[n], über die erfahrbare Wirklichkeit hinausgehende[n] Gedankenführung« (Duden 2001)

schen oder ökonomischen Charakters sein; dabei ist klar, dass diese analytische Unterscheidung empirisch in einem Mischverhältnis vorkommt, so dass der Ort innerhalb einer dreipoligen Dimension angesiedelt ist.[49]

Des weiteren stellen die *geographische Lage*, die *klimatischen Bedingungen* und die *historische Situation* Dimensionen dar, die auf die Lösung strukturierend einwirken, da sie Probleme vorhalten, die mitgelöst werden müssen. – So muss etwa eine Stadt die zur Alimentation von Häfen auf einem Isthmus entsteht (vgl. Fn. 39) sich eher als Händlerstadt ausprägen als eine Stadt, die zur Alimentation eines Herrschersitzes in einer fruchtbaren Ebene entsteht;[50] die Versorgung in letzterer erlaubt es, dass Gutsbesitzer, deren Landgüter um die Stadt herum liegen, in ihr dominieren. – Auch die Lage der Stadt zu anderen Städten ist hier, wie oben gesehen (vgl. Fn. 37) berereits relevant.

Nimmt man mit Weber an, dass in der Dialektik der Stadtformierung immer auch Kämpfe um die Eigenständigkeit der Stadt ausgetragen wurden, so sind die *Bedingungen dieser Kämpfe*, die Weise wie sie ausgetragen werden konnten und wurden, eine weitere wichtige Dimension in der die Herausbildung der eigenlogischen Struktur der Stadt stattfindet. Ebenso für die historische Situation entscheidend ist demnach etwa, in welchen *politischen Verband* die Stadt eingebettet ist: »Je einheitlicher daher ein politischer Verband organisiert war, desto weniger entfaltete sich die politische Autonomie der Städte.« (Weber 1921/1985: 804)[51]

– dienen dazu, die Dimensionen zu markieren, die in die Formierung der Stadt als Lösung eingehen.

49 Die ›Verortung‹ des Ortes in dieser Dimension ist ihrerseits wiederum etwa von der geographischen Lage, den klimatischen Bedingungen, der historischen Situation abhängig; s.o., Fn. 41.

50 Ein eindeutiges Beispiel zu finden, ist wegen der empirischen Mischungsverhältnisse schwierig; Florenz etwa, durchaus mit fruchtbarer Umgegend, bestand zunächst aus einem Militärlager, dem sich allerdings gleich die Ansiedlungen der Veteranen der Garnison mit ihren Landparzellen zur Bebauung anfügten; darüber hinaus ist für den Erfolg von Florenz (etwa gegenüber Fiesole) die verkehrstechnisch günstige Lage am Kreuzungspunkt der Via Cassia mit den etruskischen Straßen Volterana und Pisana wichtig.

51 In dieser Bemerkung Webers sind Territorium und Stadt als politisch

Eine Stadt bildet also, je nach Ausprägung der Dimensionen, einen spezifischen Modus der Lösung aus; dieser Modus drückt sich einerseits in der spezifischen Gestalt der von Weber angeführten Merkmale (s. o., S. 23) aus, andererseits bedarf es der Ausprägung einer spezifischen Kultur, die die Lösung trägt. Ein aufschlussreiches Beispiel dafür findet sich in Martyn Lees bereits zitierter Analyse von Coventry (1997: 136-140). Es prägen sich Handlungs- und Deutungsmuster aus, die nicht nur die Entscheidungen der Handlungsinstanzen der Stadt selbst: ihrer politischen Organe, generieren, sondern auch das Handeln der Angehörigen der Stadt strukturierend beeinflussen.[52] Diese Handlungs- und Deutungsmuster folgen einer

handelnd verstanden; ihr so konzeptualisiertes Verhältnis angemessen zu begreifen trägt die Studie über Territorium und Großstadt von Gerd Held (2005) wenig bei. Sie konstruiert dieses Verhältnis dort, wo sie über seine metaphorische Beschreibung hinausgeht, lediglich abstrakt-formal.

52 In der Bestimmung der eigenlogischen Gestalt einer Region: des Ruhrgebiets, habe ich zwischen Fallstruktur im engeren Sinne als Fallstruktur einer Handlungsinstanz mit Entscheidungsmitte, und Fallstruktur im weiteren Sinne als Fallstruktur einer Sozialgestalt überhaupt unterschieden. Zu der Fallstruktur im weiteren Sinne gehört dann die sozio-kulturelle Einflussstruktur einer Sozialgestalt, die nicht selbst eine Handlungsmitte ausprägte, aber gleichwohl das Handeln der ihr angehörenden Handlungsinstanzen strukturierend beeinflusst, so dass es durch eine Eigenlogik geprägt erscheint (vgl. Loer 2007a: 271 f.). Die direkte Übertragung von Bourdieus Habitus-Begriff auf die Stadt, mit der Lee dies zu fassen versucht, bleibt metaphorisch. An mehreren Stellen seines Aufsatzes wird die Stadt oder auch Raum generell selbst als Handlungsinstanz behandelt (die von mir gesperrt gesetzten Formulierungen machen das deutlich): »cities have [...] certain relatively enduring (pre)dispositions to respond« (Lee 1997: 127;); »locations, in this case cities, have relatively enduring cultural orientations« (a. a. O.: 132); »*habitus of location*: that is, a set of relatively consistent, enduring and generative cultural (pre)dispositions to respond to current circumstances, or the ›outside world‹, in particular ways.« (a. a. O.: 132); »These dispositions result in *place-specific actions*, the *practice* of the city or, one might almost say, the way a city behaves.« (a. a. O.: 133); »Coventry's industrial activity« (a. a. O.: 137). Auch da, wo Lee die Waage zwischen Dezisionismus und Determinismus halten möchte, ist es die Stadt selbst, die, wenn es einen Entscheider gäbe, dieser wäre: »Likewise this approach does not force us to choose

Eigenlogik, die sich auf ihre Genese als sich bewährende Lösung des Handlungsproblems, als mit dem konfrontiert die Handelnden in der Ursprungskonstellation der Stadt sich erfahren, zurückführen lässt. Allerdings bleibt erklärungsbedürftig, warum diese Eigenlogik sich erhalten sollte, auch wenn die Problemkonstellation sich ändert. Warum sollte ein Handlungsmuster, das eine gelingende Problemlösung darstellt, andauern, wenn es der Lösung, die es darstellt, aufgrund der geänderten Problemkonstellation nicht mehr bedarf? Warum sollte es sich nicht leicht wie eine überkommene Routine ändern? *Routinen* bewähren sich in der Sachdimension; scheitern sie durch Veränderungen im Handlungsproblem, werden sie ohne weiteres geändert. Die Handlungsmuster, die hier ins Spiel kommen, weisen aber trotz geänderter sachlicher Bedingungen und Umstände Perseveranz auf und müssen folglich einen normativen Status haben. Dies ist zu spezifizieren (s.u., S. 43). *Normen*, wie wir sie gemeinhin konzipieren (vgl. Loer 2008), haben gegenüber der bloßen Bewährung in der Sachdimension, also gegenüber der bloß sachlich begründeten Auszeichnung einer Handlungsoption, welche man mit Geiger den »Normkern« (1964: 62) nennen kann, noch einen gewissen Grad an *Verbindlichkeit* – nach Geiger: »Normstigma« (ebd.) –, die sich in der Verknüpfung der gebotenen wie der ausgeschiedenen Problemlösung mit bestimmten – positiven oder negativen – Folgen: mit Sanktionen, ausdrückt. Die Verbindlichkeit erlangen Normen, weil die in ihnen ausgewählten Problemlösungen über ihre sachliche Angemessenheit hinaus zum *Selbstverständnis der Gemeinschaft*, in der sie gelten, in einem Passungsverhältnis stehen.[53] Das Andauern des Selbstverständnisses muss nun auch der Grund für die Fortdauer der *Handlungs-*

between a view of the city as either s o v e r e i g n d e c i d e r of ist own destiny, or the mere product of ›other‹ or ›outside forces‹ (such as national government or the impact of global capital), but allows us to see it as the result of the mediation of these two extremes.« (a.a.O.: 135)

53 Dieses Selbstverständnis wird häufig durch *Werte* ausgedrückt, denen in der Gemeinschaft ein hoher Rang zukommt. – Das kann dazu führen, dass Normen allein wegen der aus diesem Passungsverhältnis sich speisenden Anerkennung aufrechterhalten werden, da die Ordnung als Ganze, deren Moment die Normen sind, als bedroht angesehen wird, wenn die Normgeltung nicht aufrechterhalten wird – auch dort, wo die durch die Norm ausgewählte Option, also die Norm in ihrer sachlichen Dimension, durchaus nicht die beste Lösung darstellt.

und Deutungsmuster sein, die wir mit der eigenlogischen Struktur im Blick haben; auch diese Fortdauer hat ihren materialen Grund im Passungsverhältnis zum praktischen Selbstbild der Gemeinschaft.[54] Gleichwohl liegen diese Handlungs- und Deutungsmuster auf einer anderen Ebene als Normen. Sie konstituieren selbst – wenn auch in Auswahl aus den grundsätzlich eröffneten Möglichkeiten – überhaupt erst einen realen Handlungsraum.[55]

Wenn wir nun zurückblicken auf Webers Beschreibung der Ursprungskonstellation, der ›formativen Periode‹ einer Stadt als einer Phase der Kämpfe um die Autonomie, so zeigt sich ein Moment der Ausformung eines praktischen Selbstbildes, das den Handlungs- und Deutungsmustern, die sich in der Lösung der Handlungsprobleme der Ursprungskonstellation herausbildeten, Dauerhaftigkeit verliehen hat. Der Modus, in dem diese Kämpfe ausgetragen und die ihnen zugrundeliegenden Konflikte gelöst wurden, hat sich bewährt, die sich bildende Stadtgemeinschaft hat sich in ihnen als erfolgreich erwiesen und begreift sich fortan also: Wir sind diejenigen, die bestehen und voranschreiten, indem wir Konflikte, indem wir generell Pobleme so und so lösen, da die Welt so und so beschaffen ist. So ist etwa in Chicago als der »City of the Big Shoulders« (Sandburg 1916/1994: 1 f.) das Erbe von 1871 höchst präsent als eine gemeinsame Leistung aus dem stadtgewordenen Pioniergeist (vgl. Fn. 138); und vergleicht man die Kohle- und Stahlstädte Newcastle und Gelsenkirchen so zeigt sich, dass die in die Gründungsgestalt eingehenden Handlungsprobleme – hier ein Grenzort schon am Hadrianswall und dann der Normannen; dort sagt uns der Name, dass der Ort sich um eine Kirche bei den Siedlern (-seten) im Bruchland (gel) bildete – so ist der unterschiedliche Umgang mit der Krise der Montanindustrie bereits von dort aus nicht verwunderlich. Vermeintlich gleiche Problemlagen – etwa der Niedergang der Stahlindustrie – werden in verschiedenen

54 Es sei zumindest erwähnt, dass das, was Bourdieu »l'hysteresis des habitus« nennt (1979: 158) und was sich auch in der »Beharrlichkeit der Deutungsmuster« (vgl. Fischer/Großer/Liebermann 2002) ausdrückt, hier seinen materialen Grund hat: im Passungsverhältnis der Handlungs- und Deutungsmuster zum praktischen Selbstbild der Gemeinschaft.

55 Sie können auch material neue Optionen eröffnen, die erst retrospektiv als zu den grundsätzlich eröffneten Möglichkeiten zählend rekonstruiert werden können.

Städten unterschiedlich gedeutet und es wird auf sie unterschiedlich geantwortet, so dass sie unterschiedliche Folgen zeitigen.

Eine spezifische Stadt stellt also einen Fall von städtischem Siedeln als Antwort auf das Problem der Versorgung eines spezifischen nicht autarken Ortes dar. Als Fall im methodologischen Sinne ist sie zu begreifen, insofern sie eine eigenlogische Struktur – eben ihre Fallstruktur – ausgebildet hat, die das Handeln der ihr angehörenden Instanzen (Bürger, Wirschaftssubjekte, Verwaltung, Regierung) strukturierend beeinflusst und die so in den Objektivationen dieses Handelns wie in dem Bild der Stadt Ausdruck findet, so auch Wahrnehmung wie Handeln in bezug auf die Stadt (etwa Zuzug) beeinflusssend.

2 Zur methodologischen Grundlegung der Untersuchung des Gegenstands ›Stadt‹

Ausgehend von den Überlegungen zur Gegenstandskonstitution[56]

Wenn nun für die Stadt generell gilt: »Großstadt ist nicht gleich Großstadt« (Pfeil 1955: 240), wenn es darum geht, »diese Vielseitigkeit herauszuarbeiten« (ebd.) – wo ist dabei anzusetzen?

Methodologische Bestimmung einer eigenlogische Struktur der Stadt

Wenn wir von einer eigenlogische Struktur der Stadt als spezifischer Antwort auf die Ursprungskonstellation ausgehen müssen, stellt sich die Frage, wie das, was sich in dieser ›formativen Periode‹ (Berking/Schwenk 2011: 256) herausgebildet hat, methodologisch zu konzeptualisieren ist.

Die eigenlogische Struktur der Stadt muss das Handeln der der Stadt angehörenden Handlungsinstanzen strukturierend beeinflussen. Wie ist das zu denken? *Handeln* ist, anders als Verhalten,[57] das durch genetische Programme gesteuert und damit letztlich – bei aller Komplexität – naturgesetzlich determiniert ist, *regelgeleitet*. Dieses Moment der Regelgeleitetheit bedeutet zunächst einmal, dass den

56 Vgl. das vorausgehende Kapitel zur Konstitution des Gegenstands ›Stadt‹.

57 Strenggenommen ist zwischen Verhalten im weiteren Sinne, das auch Handeln umfasst, und Verhalten im engeren Sinne zu unterscheiden. Ersteres ist schlicht zu bestimmen als Kette von Reaktionen eines Lebewesens (Grenzfälle wie Viren seien hier der Einfachheit halber ausgeschlossen) auf seine Umwelt (zum Umweltbegriff vgl. von Uexküll 1928/1973: 334-340, von Uexküll/Kriszat 1958); letzteres ist Verhalten, das nach dem Modell der Parameterbelegung zu denken ist, bei dem also Umwelt und reagierendes Exemplar mit seinen Vorprägungen das Verhaltensresultat unabdingbar und eindeutig bestimmt hervorbringen. Davon unterscheidet sich Handeln, wie im Text dargelegt. Verhalten im weiteren Sinne stellt also das Genus proximum von einerseits Verhalten im engeren Sinne und andererseits Handeln dar.

Handelnden von den ihr Handeln bestimmenden – nicht determinierenden – Regeln Handlungs*möglichkeiten eröffnet* werden. Regeln im allgemeinen verknüpfen Handlungssequenzen miteinander, indem sie zum einen Anschlussoptionen eröffnen und zum anderen – vor jeglichem Vollzug der Entscheidung für eine der Optionen – die Konsequenzen festlegen, die eine jeweilige Auswahl aus diesen Optionen bedeutet.

Es lässt sich nun die Struktur von Handeln in formeller Weise wie folgt darstellen:[58]

$$s \rightarrow (ho_1 \supset f_1) \vee (ho_2 \supset f_2) \vee (ho_3 \supset f_3) \vee (ho_4 \supset f_4) \vee \ldots \vee (ho_n \supset f_n)$$

Dabei bezeichnet ›s‹ die Handlungssituation und ›ho‹ eine Handlung, die in der Situation gemäß der Regel (→) als Option eröffnet wird und die bestimmte Folgen (›f‹) impliziert (⊃); des weiteren bezeichnet ›ho_n‹ eine abzählbar endliche Menge von Handlungsoptionen, die jeweils bestimmte Folgen bedeuten. Dies kann man auch so ausdrücken: Die Auswahl einer bestimmten Handlungsoption eröffnet gemäß einer Regel ihrerseits jeweils weitere bestimmte Handlungsoptionen. Diese Formulierung ist als eine Spezifizierung der Maxime des Pragmatismus[59] zu verstehen, die deutlich macht, dass die Bedeutung eines Objekts durch das Gesamt der Handlungen gegeben ist, die durch es ermöglicht werden.[60]

58 Ich lehne mich hier an die sehr erhellende Formalisierungsweise von Theordor Geiger (1964) an.

59 Vgl.: »But the Maxim of Pragmatism, as I originally stated it, *Revue philosophique VII*, is as follows: Considérer quels sont les effets practiques que nous pensons pouvoir être produits par l'objet de notre conception. La conception de tous ces effets est la conception complète de l'objet. [p. 48.] Pour développer le sens d'une pensée, il faut donc simplement déterminer quelles habitudes elle produit, car le sens d'une chose consiste simplement dans les habitudes qu'elle implique. Le caractère d'une habitude dépend de la façon dont elle peut nous faire agir non pas seulement dans telle circonstance probable, mais dans toute circonstance possible, si improbable qu'elle puisse être. [...] [p. 47.]« (Peirce 1973: S. 4, 6, 8) und: 196. »[...] every conception is a conception of conceivable practical effects« (ebd.: S. 266)

60 Vgl. hierzu auch unten den Abschnitt »Atmosphäre«, S. 73 ff.

Der Handelnde hat grundsätzlich die Freiheit, eine der Optionen zu ergreifen. Diese Freiheit wird konstitutionstheoretisch betrachtet durch die Regelförmigkeit des Handelns, d. h. dadurch, dass Handeln an Optionen eröffnenden Regeln orientiert ist, geschaffen. Der Handelnde ist somit unabdingbar als Entscheidungsinstanz, als Strukturort der Autonomie zu begreifen.[61] Allerdings bleibt dies zunächst eine bloß abstrakte Möglichkeit. Jeder Handelnde ist immer auch Angehöriger einer Kultur, die seine Wahlmöglichkeiten *konkret praktisch* konstituiert; bestimmte Optionen werden so überhaupt erst zu einem realen Möglichkeitsraum geformt.[62]

Wenn wir die Kultur, der der Handelnde angehört – sagen wir es handelt sich um die sozio-kulturelle Einflussstruktur einer Stadt – mit dem Eigennamen α versehen, muss die Formel nun wie folgt geändert werden:

61 Anders als bei Verhalten im engeren Sinne, das letztlich ein naturgesetzliches Produkt der Vektoren Situation und Verhaltensprogrammierung ist (vgl. Fn. 57), ist in der Gattung Mensch als der einzigen Gattung, die handelt, aufgrund einerseits der Instinktreduktion, also durch das Natur überschreitende Faktum der Natur, dass der Mensch nicht nur *Umwelt* hat, und andererseits der Sprachfähigkeit und der sich daraus ergebenden Tatsache, dass er hypothetische Welten entwerfen kann, dass er also *Welt* hat, ein Raum von Optionen eröffnet, zwischen denen die Entscheidung fallen kann und muss (vgl. vorläufig Loer 2012)

62 Davon abweichende, andere Möglichkeiten würden in anderen Perspektiven eröffnet, die aber zurückgewiesen werden: »the rejected perspective fails to agree with that common perspective which the individual finds himself occupying as a member of the community of minds, which is constitutive of his self. This is not a case of the surrender to a vote of the majority, but the development of another self through its intercourse with others and hence with himself.« (Mead 1927/1964: 171 f.) Diese Praxis der Konstitution und Reproduktion der den konkret praktischen Möglichkeitsraum konstitutierenden kulturellen Perspektive ist noch zu erforschen; Hinweise im Hinblick auf die Bedeutung der Siedlungsform hierfür finden sich etwa bei Litschke 1994; vgl. Loer 2007a: 79 ff. Dass auch je spezifische Kultur als Umwelt konzipiert werden kann, hat Erich Rothacker gegen die abstrakte Gattungswelt der philosophischen Anthropologie ins Feld geführt (1965: 103, 112, passim). Allerdings übersieht er, dass zwar die je konkrete menschliche Gemeinschaft eine je besondere Umwelt hat, dass sie diese aber als zur Gattung Mensch gehörende Gemeinschaft auf Welt hin überschreiten kann.

$$s \rightarrow {}^{\alpha}(ho_1 \supset f_1) \vee {}^{\alpha}(ho_2 \supset f_2) \vee {}^{\alpha}(ho_3 \supset f_3) \vee {}^{\alpha}(ho_5 \supset f_5) \vee {}^{\alpha}(ho_8 \supset f_8) \vee \ldots \vee {}^{\alpha}(ho_m \supset f_m)$$

Damit stünden einem Handelnden in der Kultur die Handlungsoptionen ho_4, ho_6, ho_7, ... mit ihren Implikationen f_4, f_6, f_7, ... gar nicht als reale Möglichkeiten zur Verfügung, umfgekehrt werden ho_1, ho_2, ho_3, ho_5, ho_8 und ho_m durch die Kultur konkret praktisch konstituiert. So ist etwa nicht nur die Tatsache der räumlichen Stadtgestalt von Los Angeles, dass es kaum Bürgersteige gibt (Abu-Lughod 1999: 424), dafür verantwortlich, dass man sich kaum zu Fuß fortbewegt; vielmehr ist diese Handlungsoption von den Deutungs- und Handlungsmustern her gar nicht vorgesehen, so dass ein Bürger von Los Angeles auch in New York diese Handlungsoption[63] nicht instantan ergreift, sondern erst für sich als solche entdecken muss (vgl. den ebd. zitierten Erfahrungsbericht von Joseph Giovannini).

Die Konstitution des Raumes realer Handlungsmöglichkeiten geschieht ebenfalls durch Regeln. Diese liegen aber auf einer anderen Ebene als die erstgenannten Regeln, welche Anschlussoptionen eröffnen und zugleich deren Bedeutung in Form der Folgen festlegen: Diese *eröffnen* Handlungsoptionen, es handelt sich um *Eröffnungsparameter* des Handelns; jene bestimmen die *Auswahl* aus den Optionen, es handelt sich um *Auswahlparameter* des Handelns.[64] Diese begriffliche Bestimmung ist nun allerdings nicht ontologisch zu verstehen. Für den Handelnden sind die Regeln, die den Raum seiner realen Handlungsmöglichkeiten eröffnen ihrerseits Eröffnungsparameter; in die Auswahl aus den für ihn objektiv realen Möglichkeiten

63 Wenn Marianne Rodenstein schreibt: »es gibt kein deterministisches [gemeint ist sicher: kausal determinierendes] Verhältnis von baulichen Strukturen und sozialem Handeln, wohl aber eines der Ermöglichung oder Verhinderung von Handeln und Kommunikation« (2008: 273), so zielt sie auf das, was Raum als Eröffnungsparameter meint, ab. – Allerdings vermengt sie die Konstitution der Optionen durch den Raum mit ihrer Realisierung, wenn sie als Argument für ein nicht-deterministisches Verständnis anführt: Es »kommt [...] auf die subjektiven Befindlichkeiten an« (ebd.). Die »subjektiven Befindlichkeiten« also begrifflich gefasst: die Fallstruktur des Handelnden, generiert die realisierende Wahl des Handelnden *auf der Basis* der durch den Raum konstituierten Optionen.

64 Zu dieser Unterscheidung vgl. Oevermann 2000a: 64-68.

gehen dann weitere Auswahlparameter (etwa milieuspezifische Normen) mit ein.

Die Auswahl aus *durch Regeln eröffneten Handlungsoptionen*, die ein konstitutives Moment von Handeln darstellt, wird also nicht jedes Mal neu als Entscheidung getroffen, sondern häufig als bereits getroffene Entscheidung vollzogen. Diese bereits vorab getroffenen Entscheidungen stellen Fixierungen *bewährter Problemlösungen* dar. Diese Fixierungen, d. h. dauerhafte Verknüpfungen von Handlungsproblemen und ihren Lösungen, können Routinen sein, die sich in der Sachdimension bewähren (s. o., S. 37). Sodann können es *Handlungs- und Deutungsmuster* sein, um diese geht es hier. Handlungs- und Deutungsmuster stehen in einem Passungsverhältnis (s. o., S. 37) zum *praktischen Selbstverständnis der Gemeinschaft*, in der sie wirksam sind.

Bezogen auf unsere Frage nach der eigenlogischen Struktur von Städten müssen wir davon ausgehen, dass vor dem Hintergrund der Gegenstandsbestimmung (s. o., S. 30, 38) der Modus, den Städte in ihrer ›formativen Periode‹ ausbilden, einem praktischen Selbstverständnis der »Städtebildner« korrespondiert.[65]

Methodologisch müssen wir also von einem Handeln der einer Stadt angehörenden Handlungsinstanzen ausgehen, das durch eine eigenlogische Struktur, die sich in der ›formativen Periode‹ der Stadt

65 Inwiefern hier Werner Sombarts Bestimmung der »Städtebildner« zutrifft, welche Mechanismen bei der Ausbildung der normgründenden Gemeinschaft und bei ihrer Reproduktion im Spiele sind, sind empirische Fragen. – »Sodann werden wir uns klar sein müssen darüber, daß es unter den ›Städtegründenden‹ Menschen zwei wesentlich von ein ander verschiedene Arten gibt: solche, die kraft irgend welcher Macht, irgend welchen Vermögens, irgend welcher Tätigkeit selbst herrisch imstande sind, die für ihren Unterhalt erforderlichen Erzeugnisse des Landes herbeizuziehen: für ihren und vielleicht auch anderer Leute Unterhalt. Das sind die eigentlichen Städtegründer, die Subjekte der Städtebildung; die aktiven oder originären oder primären Städtebildner.« (Sombart 1907: 7) – Von diesen unterscheidte Sombart »die anderen Städtebewohner, die nicht aus eigener Kraft die notwendigen Unterhaltsmittel (will sagen Landeserzeugnisse) sich zu verschaffen vermögen, sondern die nur Teil nehmen an denen der primären Städtebildner. Wir können sie bezeichnen als Städtefüller, als Objekte der Städtebildung; als passive oder abgeleitete oder sekundäre (tertiäre, quartäre etc.) Städtebildner.« (a. a. O.: 8)

ausgebildet hat, strukturierend beeinflusst wird, indem sie die Räume realer Handlungsmöglichkeiten für diese Handelnden konstituiert. Die methodischen Konsequenzen daraus werden noch zu entfalten sein.[66]

Wenn wir nun die das Handeln formierenden Prinzipien, als die die Handlungs- und Deutungsmuster, die das Handeln strukturieren, verstanden werden müssen, rekonstruieren wollen, bedürfen wir der Spuren, in denen das entsprechend formierte Handeln sich objektiviert. Des weiteren ist die Frage zu stellen, wie denn die Reproduktion dieser Handlungs- und Deutungsmuster sich vollzieht; welche Rolle dabei etwa die räumliche Gestalt der Stadt spielt.

Methodologische Kennzeichnung einiger Objektivationen der eigenlogischen Struktur der Stadt

In der objektiven Hermeneutik, auf deren Konstitutionstheorie und Methodologie die hier vorliegende Argumentation aufruht, wird für die Objektivationen von Handeln bisher in der Regel der Terminus ›Ausdrucksgestalt‹ – quasi synonym mit dem Terminus ›Protokoll‹ – verwendet. Ferdinand Zehentreiter hat hingegen vorgeschlagen, ihn begrifflich in der fundamentalen Praxis der Erfahrungsbildung zu verankern (2008), womit er spezifischer gefasst würde. Zehentreiters Vorschlag trägt der Tatsache Rechnung, dass in allen Objektivationen von Handeln zwar etwas zum Ausdruck kommt und diese Objektivationen auch eine rekonstruierbare Gestalt darstellen, dass aber das, was dort zum Ausdruck kommt, durchaus ein längst in Routinen erstarrter Ausdrucksimpuls sein kann, der sich als Deutung von Welt – die sich auch in einer Haltung zur Welt erweisen kann – bewährt hat und sich als diese bewährte Lösung von Deutungs- und Handlungsproblemen reproduziert. Die Praxis, die diesen Routinen und bewährten Deutungs- und Handlungsmustern folgt, *kommt* dann in Objektivationen, ihres Handelns zum Ausdruck, aber sie *bringt* nicht etwas zum Ausdruck (in dem und indem sie sich zum Ausdruck bringt). Die Begrenzung des Terminus ›Ausdrucksgestalt‹ auf diesen letzten Typus des Handelns: eine Lebenspraxis bringt etwas zum

66 Vgl. Kap. 3 »Methodische Ansätze zur Untersuchung des Gegenstands ›Stadt‹«.

Ausdruck, erlaubt es also, ihn genauer zu fassen, erfordert aber dann eben für die Objektivierungen von Handeln in einem allgemeineren Sinne einen übergeordneten Terminus; als dieser bietet sich ›Spur‹[67] an.[68]

Dabei ist zu beachten, dass die Spur zwei Momente ›amalgamiert‹[69] Die Objektivation von Handeln, also die *Spur* eines Menschen, ist einerseits unter dem Aspekt ihrer materialförmig, konkret sinnlichen Gegebenheit zu betrachten; in dieser Hinsicht spreche ich (mit Oevermann) von *Protokoll*.[70] Zum anderen ist sie unter dem Aspekt der in ihr ausdrucksmaterial objektivierten Bedeutungen zu betrachten; in dieser Hinsicht spreche ich (mit Oevermann) von *Text*.[71] »Unter dem Gesichtspunkt des Textes ist derselbe Gegenstand als Symbol-Konfiguration aufzufassen, die nach explizierbaren algorithmisch operierenden Regeln in sich abstrakte sinnlogische Verkettungen generiert. Diese sind [...] der zentrale Gegenstand der Methodologie der objektiven Hermeneutik.« (Oevermann 1993: 121)

Die Verwendung des Terminus ›Ausdrucksgestalt‹ muss in zwei unterschiedlichen Dimensionen neu bestimmt werden. Zum einen – das ist der Aspekt, den Zehentreiter in seiner erfahrungstheoretischen Betrachtung fokussiert – kann eine Objektivation von Handeln erst dann sinnvoll als *Aus*drucksgestalt bezeichnet werden, wenn seitens des Handelnden, seitens der Handlungsinstanz ein Urteil der Angemessenheit bezüglich der Objektivation erfolgt.[72] Dieses Urteil

67 »der hinterlassene eindruck eines menschen nach seinem aufenthalt, wesen, seiner erscheinung wirksamkeit« (Grimm/Grimm 1960/1984: Sp. 238) – Vgl. Droysens Bemerkung, dass »ja alles und jedes, was die Spur von Menschengeist und Menschenhand an sich trägt, von der Forschung als Material herangezogen werden kann.« (1937/1960: 38)

68 Das neutrale ›Protokoll‹ ist hierfür etymologisch nicht treffend, bezeichnet es doch »das erste vorgeleimte Blatt an einer Schriftrolle o. Buch« (Kytzler/Redemund/Eberl 2002: Nr. 5062)

69 Ulrich Oevermann, auf den diese begrifflichen Bestimmungen wesentlich zurückgehen, verwendet eine andere Terminologie, der ich hier gerade bezüglich der Termini ›Ausdrucksgestalt‹ und ›Spur‹ nicht folge; der Sache und dem Begriff nach aber beziehe ich mich auf die von ihm eingeführte Unterscheidung (Oevermann 1993: 121).

70 Hier ist die Etymologie zutreffend, zumindest hilreich: das Protokoll ist das sinnlich Wahrnehmbare an der Schriftrolle, bevor sie gelesen wird.

71 Es handelt sich in dieser Hinsicht um ein Gewebe von Bedeutungen.

72 Vgl.: »ausdruck, m. enuntiatio, significatio, ein heute sehr gangbares,

kann vollständig implizit oder mehr oder weniger explizit erfolgen. Bezüglich letzteren Falles, etwa eines Briefes, sprechen wir von edierten Ausdrucksgestalten; ein Beispiel für den eher impliziten Fall wäre etwa die Anordnung der Kleidung im Schrank, die Anordnung abgestellter Fahrzeuge auf einer Baustelle oder ähnliches. In dieser Dimension unterscheidet sich eine *Ausdrucksgestalt* von einer *bloßen Spur* dadurch, dass die handelnde Praxis sich darin, wie implizit auch immer, selbst zum Ausdruck bringt – auch indem sie die Logik des entsprechenden Ausdrucksmaterials nutzt. In einer bloßen Spur – etwa der Fußspur im Sand – kommt eine Praxis zum Ausdrucks, ohne sich zum Ausdruck zu bringen. Man könnte bezüglichg der bloßen Spur von Abdruck[73] sprechen. Da es sich um »die Spur von Menschengeist und Menschenhand« handelt, muss bedacht werden, dass hier eine Praxis, indem sie einen Abdruck hinterlässt, zum Ausdruck kommt.[74]

Zum anderen – und diese Dimension steht senkrecht zur ersten – kann die Ausdrucksgestalt eine Objektivation bloßer Reaktivität als solcher sein oder aber lebendiger Ausdruck der handelnden Praxis in gesteigerter Form. Bloße Reaktivität der Handlungsinstanz – als Grenzfall – läge vor, wenn das Handeln der Praxis vollständig in der Exekution übergreifender Strukturen sich erschöpfte; dies wäre der Fall, wenn eine bürokratische Persönlichkeit gemäß Merton (1940/1968) so weit ausgeprägt wäre, dass sie im Vollzug ihrer Rollentätigkeit aufginge.[75] Lebendiger Ausdruck in gesteigerte Form liegt etwa vor, wenn ein Künstler im ersten Ausdrucksimpuls eine Gestalt schafft

doch erst im 18 jh. entsprungnes wort [...]. wir verwenden es ganz im sinne des franz. und engl. expression für wörtliche bezeichnung, für wort: das ist der rechte ausdruck, ein guter, passender, glücklicher, gewählter, sinniger, neuer, veralteter, schlechter, schiefer, widriger ausdruck; wer braucht solche ausdrücke?« (Grimm/Grimm 1854/1984: Sp. 846)

73 Vgl.: »In der naturgeschichte sind abdrücke oder spursteine solche steine, in die sich eine pflanze, ein thier der urzeit gedrückt, in dem es seine spur hinterlassen hat.« (Grimm/Grimm 1854/1984: Sp. 21)

74 Dies muss sich natürlich in der Analyse erweisen und kann nicht vorab definitorisch an die Spur herangetragen werden.

75 Daran, dass die bürokratische Persönlichkeit bezüglich dieser Exekution ein Angemessenheitsurteil fällt und gerade die vollständige Exekution für angemessen befindet, wird deutlich, dass diese zweite von der ersten Dimension zu unterscheiden ist.

(etwa Wassily Kandinsky in seinem ersten Entwurf zur Komposition Nr. VII, in dem er eine in sich stimmige Gestalt entwirft, die in der ausgeführten Komposition in eine edierte und elaborierte Gestalt aufgehoben ist).[76] Im Pol bloßer Reaktivität ist die Subjektivität gleichsam geschrumpft auf das Faktum der Reaktion, ihre Lebendigkeit gleichsam erstarrt, aber auch die bloße Reaktivität ist, als Vollzug des Allgemeinen, schon über dieses Hinaus ein Besonderes. Deutlicher sieht man am Pol des lebendigen Ausdrucks, dass er seinen Gegensatz enthält: In ihm geht bereits die Logik des Ausdrucksmaterials ein in die Ausdrucksgestalt, womit im Pol höchster Subjektivität und Lebendigkeit, höchster Besonderheit ein Allgemeines unabdingbar enthalten ist. – Vermittlung der Gegensätze in sich.

Exkurs zu Gestalt und holistischer Wahrnehmung

Wenn von Ausdrucksgestalt oder auch nur Gestalt der Stadt die Rede ist, wird die in der Gestalttheorie auf den Begriff gebrachte Thematik der Wahrnehmung dieser Gestalt sowie die des erkenntnistheoretischen Holismus aufgerufen. Hier sollen zwei Aspekte dieser Thematik zur Klärung kurz behandelt werden: zum einen (1) die erkenntnistheoretische Frage der Gestaltwahrnehmung als produktiven Vermögens, zum andern vor diesem Hintergrund eben (2) die Frage der Rolle der (holistischen) Wahrnehmung der Gestalt der Stadt für die Gegenstandskonstitution, die Methodologie und Methode.

(1) Einer ihrer Begründer, der Psychologe Max Wertheimer, hat die Gestalttheorie folgendermaßen charakterisiert: »Es gibt Zusammenhänge, bei denen nicht, was im Ganzen geschieht, sich daraus herleitet, wie die einzelnen Stücke sind und sich zusammensetzen, sondern umgekehrt, wo – im prägnanten Fall – sich das, was an einem Teil

76 Zum ersten in Gegensatz steht der zweite Entwurf, in welchem die Bilderfindung des ersten schematisch wiederholt wird. Beide Entwürfe befinden sich im Lenbachhaus in München und waren dort zu sehen (s. http://www.etsy.com/listing/80322988/composition-vii-sketch-1-wassily und http://o.tqn.com/d/arthistory/1/0/s/s/kandinsky_gugg_0910_16.jpghttp://arthistory.about.com/od/from_exhibitions/ig/kandinsky_retrospective/kandinsky_gugg_0910_16.htm); dass dies auch nach der Renovierung der Fall sein wird, ist zu erwarten. Die ausgeführte Komposition befindet sich in der Staatlichen Tretjakow-Galerie in Moskau (s. http://www.tretyakovgallery.ru/ru/collection/_show/image/_id/373).

dieses Ganzen geschieht, bestimmt von inneren Strukturgesetzen dieses seines Ganzen. [...] Gestalttheorie ist dieses, nichts mehr und nichts weniger.« (Wertheimer 1924: 3) Damit ist deutlich, dass die Gestalt – auch die »gute Gestalt« (Wertheimer 1957: 62f., passim) – nicht ein willkürliches Produkt der Wahrnehmung bzw. des Denkens ist, sondern objektives Moment des Wahrnehmungsgegenstandes, so dass umgekehrt die Frage zu stellen ist, wie die Gestalt des Ganzen in die Wahrnehmung und das Denken hineingelangt. In einer aufschlussreichen Untersuchung zur Bewegungswahrnehmung zeigt Wertheimer, dass die Wahrnehmung der Bewegung in den mit optischen Täuschungen, also mit »Scheinbewegungen« (1911/1925: 7) arbeitenden Laborversuchen zwar als Additivum des wahrnehmenden Bewusstseins (etwa zu zwei aufeinanderfolgenden Reizen, denen eben keine reale Bewegung zugrundeliegt) erscheint, dass diese subjektive Ergänzung aber »auf Grund und im Sinn früherer direkter Erfahrungen wahrgenommener wirklicher Bewegung« erfolgt (ebd.). Wie diese Gestalt der Bewegung nun ›in die Wahrnehmung hineinkommt‹, ist eine sozialisationstheoretisch höchst spannende Frage. Es handelt sich ja einerseits um eine Gestalt, die a priori da ist und die Wahrnehmung der Bewegung konstituiert, andererseits aber um etwas, das der wirklichen Bewegung abgenommen wurde und damit klassischerweise als a posteriori zu kategorisieren ist. Ohne hier ins Detail gehen zu können ist wohl davon auszugehen, dass wir es mit einem snythetischen Apriori zu tun haben, das durch Bedeutsamkeit in der sozialisatorischen Interaktion gestiftet wird,[77] in die ihrerseits die Erfahrung der Welt bereits eingeht. In das dann die Gestaltwahrnehmung stiftende Schema geht also die Gestalthaftigkeit der Wirklichkeit ein.[78] Produktiv ist die Wahrnehmung dann im Sinne der

77 Wie für die postnatale Verschaltung der Augenneuronen eine heterospezifische Kontrolle der synaptischen Modifikation durch eine zentrale Erregung erforderlich ist (vgl. etwa Singer 1988), so ist hier davon auszugehen, dass durch die Auszeichnung einer Wahrnehmungssituation durch die sozialisatorische Interaktion als bedeutsam ein Wahrnehmbares als Gestalt ausgezeichnet, damit für den Sozialisanden aus der Flut der Reize hervorgehoben und sodann als Schema verinnerlicht wird.

78 Vgl. die Ausführungen zur Teilbarkeit: »die Dinge (und unser Gestaltfassen) legen bestimmte Teilungen näher; andere sind zwar auch durchführbar, aber sie gehören zu den ›wirklichkeitsabstrakten‹ Operationen.« (Wertheimer 1912/1925: 132)

Wirklichkeit und da diese vielfältig ist, besteht ein entscheidendes Moment des produktiven Wahrnehmens und Denkens darin, sich von eingefahrenen Schemata zu lösen;[79] dies geschieht allerdings nicht willkürlich und beliebig: »Es ist entscheidend, daß es, auch bei bestem Willen nicht immer möglich ist, etwa beliebigerweise sofort aus einer ›Betrachtungsart‹ in die andere überzugehen; entgegengesetzt, man ist in der einen eingestellt und kann nicht beliebig nun die andere haben; bis etwa die Lage – ziemlich gegen den Willen – umkippt und nun die andere Erscheinungsweise, wieder zwingend, da ist.« (Wertheimer 1911/1925: 96) Das Zwingende der Gestaltwahrnehmung hat also eine objektive Seite – diese ist sowohl im wahrgenommenen Gegenstand als auch im wahrnehmenden Subjekt verankert.[80]

(2) Nehmen wir mit Wertheimer an, »wir hätten die Möglichkeit, an einem Teil des Ganzen zu erfassen, irgend etwas zu ahnen von dem Strukturprinzip dieses Ganzen, wobei dann die Grundgesetze nicht irgendwelche Stück-Gesetze sind, sondern Charaktereigenschaften dessen, was geschieht« (Wertheimer 1924: 11), und fragen uns, was dies bezüglich des Gegenstands ›Stadt‹ bedeutet, so können wir es unschwer auf unsere Alltagserfahrung beziehen, in der wir an kleinen Details, etwa daran, wie Passanten sich durch die Stadt bewegen, wie sie sich an roten Fußgängerampeln verhalten usw., das Ganze einer

79 Vgl.: »The difficulty lies, not in the new ideas, but in escaping the old ones, which ramify, for those brought up as most of us have been, into every corner of our minds.« (Keynes 1936/1973: xxiii, zit. n.: Bilalić/McLeod/Gobet 2010: 114) – Vgl.: »Gewohnt, ans Wahrscheinliche zu glauben, wird das Wirkliche oft übersehen« (Gruenter 1992/1997: 110).

80 Die hier angedeutete empirische Fassung der transzendentalphilosophischen Epistemologie – die den wissenssoziologischen Fehler der Reduktion von Konstitution auf Konstruktion vermeidet – ist nach wie vor ein Desiderat und eine dringliche Aufgabe einer Soziologie der Erkenntnis. Diese würde empirisch fundieren und begrifflich erhellen was Theodor W. Adorno mit dem Theorem des Vorrangs des Objekts (Adorno 1966/1982: 184-187) zum Ausdruck brachte: »Nur weil das Subjekt seinerseits vermittelt, also nicht das radikal Andere des Objekts ist, das dieses erst legitimiert, vermag es Objektivität überhaupt zu fassen.« (a.a.O.: 186) – Man könnte die Frage auch, sich auf Goethes notorisches Xenion beziehend, wie folgt formulieren: Wie bildet sich historisch die Sonnenhaftigkeit des Auges als Konstitutivum von Wahrnehmung?

Stadt erahnen, ohne dass wir diese »Charaktereigenschaften dessen, was geschieht« überhaupt als Teil erleben. Die Stadt teilt sich uns in solchen Details wie als Atmosphäre mit (vgl. Abschnitt »Atmosphäre«, S. 73 ff.) und die Atmosphäre des Ganzen drückt sich in den Details und deren Konstellation aus. Das »Strukturprinzip dieses Ganzen« einer Stadt haben wir oben konstitutionstheoretisch hergeleitet; methodologisch bedeutet dies, dass wir begründen müssen, wie denn die gestaltförmige Wahrnehmung dieses Strukturprinzips möglich ist, vor allem aber, dass wir ein Verfahren begründen müssen, wie die methodisch angemessene, empirisch sachhaltige begriffliche Bestimmung dieses Strukturprinzips möglich ist. Dieses Verfahren kann, das hat die Gestalttheorie aufgezeigt, nicht in Zergliederung bestehen. Das Strukturprinzip auf den Begriff gebracht muss die Gestalt des Ganzen wie die seiner Teile bestimmbar machen wie von ihnen her bestimmbar sein. Das Strukturprinzip: die eigenlogische Struktur der Stadt, muss letztlich also ein generatives Prinzip sein: Haben wir seine Gesetzlichkeit formuliert, können wir eindeutig sagen, ob empirische Phänomene mögliche Hervorbringungen dieses Prinzips sind oder nicht – ob also eine Raumgestalt X, ein Verhalten Y zur Stadt A passt oder nicht. Haben wir dieses Prinzip und seine Genese begrifflich bestimmt, können wir darüber hinaus erklären, warum eine Stadt A die Raumgestalt X und das Verhalten Y hervorbringt.

***

Anhand der genannten Frage, wie die Reproduktion der stadtspezifischen Handlungs- und Deutungsmuster sich vollzieht, soll, bevor wir uns dem methodischen Vorgehen bei entsprechenden Analysen zuwenden, der methodologische Status der Spuren, die hier infrage kommen, bestimmt werden. Nicht jegliche Spuren haben den im folgenden aufzuweisenden doppelten Status; die ihn haben sind aber – auch gerade vor dem Hintergrund, dass es sich bei Städten ja um räumliche Gebilde handelt – für die Frage nach der Eigenlogik der Städte von besonderem Interesse. Ziehen wir erneut das Beispiel der seltenen Bügersteige von Los Angeles heran. Sie sind sichtbare und erfahrbare räumliche Stadtgestalt. Damit sind sie einerseits Spur des Handelns der Stadt als Handlungsinstanz: politische Instanzen haben dem Anlegen von Bürgersteigen keine Priorität eingeräumt, sowie des Handelns der Einwohner der Stadt, die nicht eine Handlungsweise an den Tag legten, die die Einrichtung von Bürgersteigen erzwang oder Substitute dafür ›erfand‹. Damit zeigt sich, dass die Nutzung von Bürgersteigen[81] nicht zu den von den Handlungs- und Deutungsmustern der Stadt konstituierten realen Möglichkeiten des Handelns gehört.[82] Von hierher ließen sich die formierenden Prinzipien, von denen oben die Rede war, bestimmen. Andererseits aber entfaltet das Fehlen – besser: das selbstverständliche Nicht-vorhanden-Sein – von Bürgersteigen zugleich aller Wahrscheinlichkeit nach eine formative Kraft, indem es in die Erfahrungen der in dieser Stadt Lebenden, insbesondere der in dieser Stadt Aufwachsenden[83] insofern eingeht, als das praktische Konzept ›Bürgersteig‹ in ihrer Erfahrung eben nicht gebildet wird und deshalb die Selbstverständlichkeit des Nicht-vorhanden-Seins von Bürgersteigen sich perpetuiert, das entsprechende Deutungsmuster sich reproduziert.

Methodologisch gehen wir also von einem strukturierten Handeln aus, das sich in Spuren objektiviert, aus denen die es formierenden Prinzipien rekonstruierbar sind. Diese Spuren[84] können verschieden-

81 Vgl. dazu die sehr interessanten Ausführungen von Jane Jacobs (1961: 29-88).

82 Eine interssante Deutung der damit zusammenhängenden Dominanz des Autoverkehrs bietet Joseph Giovannini: It »extends the privacy of the single-family house« (Abu-Lughod 1999: 424).

83 Wie genau hingesehen werden muss, um diese Erfahrungstatsache angemessen zu erfassen und dann zu analysieren, zeigt die Auseinandersetzung mit entsprechenden Vorurteilen bei Janet Jacobs. Die Errichtung von Spielplätzen zur Vermeidung von Straßenkämpfen von Jugendgangs erweist sich als kontraproduktiv: »›Street gangs‹ do their ›street fighting‹ predominantely in parks and playgrounds.« (1961: 76) In den Straßen hingegen waren sie aufgrund der Mischung des Publikums davor gefeit: »In real life, what significant change *does* occur if children are transferred from a lively city street to the usual park or to the usual public or project playground? [...] The children have moved from under the eyes of a high numerical ratio of adults, into a place where the ratio of adults is low or even nil. To think this represents an improvement in city child rearing is pure daydreaming.« (a.a.O.: 77)

84 Welche Spuren im Vordergrund einer Untersuchung stehen, ist natürlich von der Forschungsfrage abhängig; generell dürften stets verschiedene Spuren in Betracht gezogen werden müssen; so beziehen sich die folgenden Projekte des Forschungsverbunds ›Eigenlogik der Städte‹ »Das Flüssige und das Feste: Sichtbares Wasser in der Stadt, 1970-2010«,

ster Art und verschiedensten Aggregierungsniveaus sein. Für ihre Analyse ist es stets entscheidend zu bestimmen, mit welchem Problem die Handelnden konfrontiert waren, welche Lösungsoptionen zur Verfügung standen, welche gewählt wurden und welche strukturierende Kraft diese Lösungen ihrerseits auf das weitere Handeln ausüben.

Die *räumliche Gestalt in all ihren Facetten* ist eine zentrale Spur der Stadt.[85] Einerseits ist sie dauerhafter Niederschlag städtischen Handelns[86] angesichts des geographisch und historisch gegebenen Möglichkeitsraums und der entsprechenden Herausforderungen, andererseits ist sie unmittelbar wirksam in der erfahrungsgeleiteten Reproduktion der eigenlogischen Struktur der Stadt.

Die Spuren des *politischen städtischen Handelns* angesichts des historisch gegebenen Möglichkeitsraums und der entsprechenden Herausforderungen;[87]

die Spuren des *wirtschaftlichen städtischen Handelns* angesichts des historisch gegebenen Möglichkeitsraums und der entsprechenden Herausforderungen;[88]

»Lokale Generierung handlungsrelevanten Wissens – am Beispiel lokaler Strategien und Maßnahmen gegen den Klimawandel« und »Lokale Konventionen des Friseurwesens: Städtische Eigenlogik in Wirtschaftspraktiken« mehr oder weniger dominant auf alle der unten aufgezählten – keineswegs reinen – Typen von Spuren.

85 Etwa: Straßenführungen; die innere Differenzierung der Stadt in verschiedenen »Colonieen« (s.o., S. 27); Fassadengestaltung; ... – aber auch: Atmosphäre (dazu und zum Zusammenhang und zur Differenz von Atmosphäre und ›Imaginärem‹ s. Kap. »3 Methodische Ansätze zur Untersuchung des Gegenstands ›Stadt‹«).

86 Wenn hier und im folgenden von ›städtischem Handeln‹ die Rede ist, so ist damit nicht lediglich das Handeln der Entscheidungsinstanzen der Stadt gemeint, sondern generell alles Handeln, das durch die eigenlogische Struktur der Stadt formiert ist; eine empirische Frage ist es, das *städtische Handeln* in diesem Sinne vom *Handeln in der Stadt* zu unterscheiden, in dem die Stadt und ihre Gestalt als äußere Handlungsbedingung in das durch andere als die städtischen Strukturen konstituierte und nicht durch diese strukturierend beeinflusste Handeln eingehen.

87 Etwa: Sitzungsprotokolle; Dokumente politischer Entscheidungen; ...

88 Etwa: Branchenstruktur; wirtschaftliche Produktion; Konsumverhalten; ...

die Spuren des *expliziten kulturellen städtischen Handelns* angesichts des historisch gegebenen Möglichkeitsraums und der entsprechenden Herausforderungen;[89]
die Spuren des *impliziten kulturellen städtischen Handelns* oder generell des *alltäglichen städtischen Handelns* angesichts des historisch gegebenen Möglichkeitsraums und der entsprechenden Herausforderungen.[90]

Methodologische Anmerkung zu Reproduktion und Transformation von eigenlogischen Strukturen

Konstitutionstheoretisch betrachtet, ist die Transformation von Handlungs- und Deutungsmustern, generell von Strukturen der Praxis ihrer Reproduktion übergeordnet; mit anderen Worten: Phasen der Reproduktion sind stets in Phasen der Transformation eingebettet. Methodologisch bedeutet dies, dass sowohl die Transformation als auch die Reproduktion einer Struktur erklärungsbedürftig sind und dass es nicht einer zusätzlichen Theorie des sozialen Wandels bedarf. Die Gesellschaften, bei denen Durkheim von »solidarité mécanique« spricht (Durkheim 1893/1932: 35-78), sind durch eine lange Phase der Reproduktion gekennzeichnet, die durch eine spezifische Kraft aufrechterhalten wird: »elle est un produit des similitudes sociales les plus essentielles, et elle a pour effet de maintenir la cohésion sociale qui résulte de ces similitudes.« (a.a.O.: 75) Aber auch diese Gesellschaften sind entstanden und sie wandeln sich. Umgekehrt haben auch Gesellschaften, bezüglich derer Durkheim von »solidarité organique« spricht, auch diejenigen, die sich scheinbar in hohem Tempo wandeln,[91] eine Herkunft, die im Modus ihres Wandels sich zeigt, und eine Zukunft, die die Gegenwart als ihre Vergangenheit nicht wird leugnen können.

89 Etwa: Opernhaus; Programm von Kinos; Zeitungswesen; ...
90 Etwa: Nachbarschaftshandeln; Erziehungshandeln; Automarken; Einkaufswege; Küche; Gartenkultur; ...
91 Schon Durkheim visierte dies: a.a.O.: 119-176; heute ist allenthalben von Beschleunigung die Rede, wird zu einer theoretischen Einsicht stilisiert, was doch nur die diskursive Aufblähung eines Lebensgefühls ist, das zu erklären statt terminologisch zu verdoppeln wäre.

Bezogen auf unseren Gegenstand ›Stadt‹ bedeutet dies, dass wir stets Reproduktion und Transformation zugleich im Blick haben müssen, was bezüglich der eigenlogischen Struktur einer Stadt heißt, dass wir auch und gerade im Modus, in dem diese Stadt sich wandelt,[92] noch ihre eigenlogische Struktur bestimmen können müssen.

Für die *Reproduktion* eigenlogischer Strukturen ist einerseits ein relativ stabiles Umfeld im Sinne von relativ gleichförmigen Handlungsproblemen, mit denen die der eigenlogischen Struktur in ihrem Handeln folgenden Akteure konfrontiert sind, wichtig. Andererseits müssen die eigenlogischen Strukturen ein Selbstverständnis implizieren und befördern, dass ihre Beharrung stützt – etwa indem auch neue Herausforderungen nach bekannten Mustern gedeutet werden. Die Relevanz von Sozialisationsprozessen in der Stadt für diesen Prozess wäre zu untersuchen. Dies betrifft sowohl Prozesse primärer als auch solche sekundärer Sozialisation, aber auch Prozesse der Attraktion.[93] Dabei wäre insbesonder auch die Bedeutung des Raumes herauszuarbeiten; exemplarisch für die primäre Sozialisation hat Inge Litschke dies für Bergarbeitersiedlungen gezeigt (1994); auch auf die bereits erwähnte Arbeit von Janet Jacobs (1961) ist hier zu verweisen.

Die *Transformation* eigenlogischer Strukturen angesichts neuer Herausforderungen muss, wie bereits gesagt, im Hinblick auf die Optionen, die sich aus der spezifischen Struktur, die das Handeln der Akteure, die mit den Herausforderungen konfrontiert sind, bestimmt, ergeben, betrachtet werden. Eine relativ mechanische Deutung dieses Zusammenhangs kommt in dem Konzept von der Pfadabhängigkeit zum Ausdruck.[94] Dieses ist, ebenso wie das Bourdieusche Konzept

92 Dass das Verb ›wandeln‹ im Deutschen reflexiv ist, trägt dem auch sprachlich Rechnung.

93 So lässt sich etwa zeigen, dass das Kohlerevier im Saarland und das an der Ruhr zu unterschiedlichen Kulturmustern affin und entsprechend attraktiv waren. Otto Neuloh und Jenö Kurucz haben etwa herausgearbeitet, dass im Gegensatz zum Bergmann aus dem Saarland, für den ›Arbeit‹ den »Zentralwert« darstellt (1967: 106), für den Bergmann aus dem Ruhrgebiet in den Bereichen der Arbeit und der Freizeit ›Familie‹ den »Zentralwert« darstellt (a.a.O.: 102ff.).

94 Die ursprüngliche Intention bei der Einführung dieses Konzepts durch W. Brian Arthur und Paul A. David (vgl. etwa David 1986) richtet sich gegen eine verkürzte effizienzorientierte Deutung der Durchsetzung von technischen Innovationen (vgl. Werle 2007: 120); mittlerweile scheint

der Hysterese noch keineswegs geklärt. Denn Transformation findet ja *trotz* Pfadabhängigkeit und Hysterese statt. Begreift man Hysterese als ein positiv motiviertes Beharren – und nicht bloß metaphorisch als Trägheit –, so lenkt dies den Blick bei Transformationen etwa darauf, inwiefern für die sich wandelnde Struktur die Herausforderungen Optionen der Amplifikation beinhalten, die nicht realisiert werden. Auch hier also geht es darum, den angesichts der Herausforderungen sich öffenenden Optionenspielraum mit dessen Realisierung durch die Handelnden, die durch die zu untersuchende eigenlogische Struktur bestimmt sind, abzugleichen.

Methodologische Anmerkung zur Operation des kontrastierenden Vergleichs

Fallrekonstruktionen, die der Dialektik von Universalität und Historizität gerecht werden (vgl. u. a. Oevermann 2000a: 74), müssen *in* den Fällen, die als historisch konkrete Gebilde Besonderes und zugleich als Fälle von einer bestimmten Praxis: etwa von städtischem Handeln, Allgemeines sind, dieses Allgemeine rekonstruieren. Hierzu bedarf es *methodisch* keiner weiteren Fälle. Wenn eine Fallstruktur in einem Fall rekonstruiert und in ihrer Genese bestimmt wurde, so fügt die gleiche Rekonstruktion in mehreren Fällen dieser Erkenntnis nur Wissen über die Frequenz dieser Fallstruktur hinzu, nicht jedoch kann dies zur Geltungsbegründung beitragen. Dies wäre nämlich nur dann erforderlich, wenn die Genese der rekonstruierten Fallstruktur nicht in der Rekonstruktion selbst als motiviert aufgewiesen werden konnte, und möglich nur, wenn sie stattdessen auf bestimmte Merkmalskonstellationen zurückgeführt werden könnte, die dann über maximale und minimale Konstrastierung eingegrenzt werden sollten. Dieses Vorgehen folgt aber dem Paradigma von Einflussfaktoren und Variablen, nicht dem der Strukturgeneralisierung.[95] Dass aus *forschungspragmatischen* Gründen die Fallrekonstruktion nicht in jedem Fall bis auf diese Stufe der lückenlosen Rekonstruktion der Genese der Fallstrukturgesetzlichkeit getrieben werden kann, macht

aber das Konzept selbst die Probleme der kulturellen Reproduktion, die es – zu Recht – aufwirft, nicht mehr maßgeblich aufzunehmen.

95 Für ausführliche Darlegungen zur Strukturgeneralisierung s. Oevermann 2000a: 116-129.

aus dem Vergleich mit kontrastierenden Fällen eine sinnvolle Operation der *Kunstlehre* – oder auch der *Heuristik*: wenn es darum geht, »die qualitative, typologische Verschiedenheit der Erscheinungen im Universum möglichst gut auszuloten« (Oevermann 2000a: 128).

Wenn man etwa eine Stadt untersucht, so muss man die Fallstruktur bzw. eigenlogische Struktur der Stadt[96] in einem Fall städtischen Handelns rekonstruieren und durch Strukturgeneralisierung bestimmen. Gleichwohl ist es forschungsökonomisch und heuristisch sinnvoll, diese Einflussstruktur an Fällen aus kontrastierenden Milieus, kontrastierenden Generationen etc. zu bestimmen und auch gleiche Milieus anderer Städte als Vergleich heranzuziehen – wie es etwa in dem Darmstädter Vier-Städte-Vergleich (vgl. Marent/Richter 2013, Baur et al. 2013) vorgesehen ist. Die gleiche Fallstruktur in Fällen der gleichen Stadt aber unterschiedlicher Milieus zu finden ist jedoch methodisch nur dann aussagekräftig, wenn in all diesen Fällen diese Struktur und ihre Genese rekonstruiert werden können. Denn wenn diese vollständige Rekonstruktion und Generalisierung im Fall nicht vorgenommen wird, kann man weder sicher sein, dass es sich um die gleiche Struktur handelt, noch, ob, wenn es sich um die gleiche Struktur handelt, diese in unterschiedlichen Milieus nicht gleichwohl eine unterschiedliche Genese aufweist, da sie Antwort auf ein anderes Handlungsproblem ist. Um dies auszuschließen genügt auch nicht der Vergleich mit anderen Städten bei gleichen Milieus. Wenn also etwa

- die rekonstruierte Fallstruktur im Milieu a der Stadt 1 (${}^{1}FS_a$) und die rekonstruierte Fallstruktur im Milieu b der Stadt 1 (${}^{1}FS_b$) sich gleichen: (${}^{1}FS_a$) = (${}^{1}FS_b$), und
- die rekonstruierte Fallstruktur im Milieu a der Stadt 2 (${}^{2}FS_a$) und die rekonstruierte Fallstruktur im Milieu b der Stadt 2 (${}^{2}FS_b$) sich gleichen: (${}^{2}FS_a$) = (${}^{2}FS_b$), und
- die rekonstruierte Fallstruktur im Milieu a der Stadt 1 (${}^{1}FS_a$) und die rekonstruierte Fallstruktur im Milieu a der Stadt 2 (${}^{2}FS_a$) sich unterscheiden: (${}^{1}FS_a$) $\neq$ (${}^{2}FS_a$), und
- die rekonstruierte Fallstruktur im Milieu b der Stadt 1 (${}^{1}FS_b$) und

96 Für die Untersuchung einer Region (vgl. Loer 2006a, b, 2007a, b) spreche ich von Einflussstrukturen, da Regionen keine Handlungsmitte haben, gleichwohl aber im Handeln ihrer Angehörigen eine Fallstruktur ausbilden, die sich in diesem Handeln realisiert (s.o., S. 18f.); u. Fn. 52)

die rekonstruierte Fallstruktur im Milieu b der Stadt 2 ($^{2}FS_{b}$) sich unterscheiden: $(^{1}FS_{b}) \neq (^{2}FS_{b})$,

so ist mit dieser der Logik von Einflussfaktoren und Variablenvergleich folgenden Operation noch nicht gezeigt, dass die Fallstrukturen der Stadt 1 ($^{1}FS_{a}$ und $^{1}FS_{b}$) tatsächlich der Stadt zuzurechnen sind. Auch die Heranziehung von noch mehr kontrastierenden Milieus fügt keine methodische Sicherheit der Zuordnung der rekonstruierten Struktur zum einbettenden Sozialgebilde hinzu. Es liegt bei einer solchen erweiterten Ausschöpfung der »Verschiedenheit der Erscheinungen im Universum« durch weitere Kontrastierung die gleiche Annäherung an die Wahrheit vor, wie Peirce sie für die Induktion bestimmt: »we cannot say that the generality of inductions are true, but only that in the long run they approximate to the truth. This is the truth of the statement, that the universality of an inference from induction is only the analogue of true universality.« (1893: 218 [5.350]) Die erwähnte Zurechnung kann methodisch gesichert erst erfolgen, wenn die Fallstruktur der Stadt, die in diesen Fällen sich realisiert, in ihrer Genese aufgewiesen werden kann. Zwischen Heuristik, Forschungspragmatik und Kunstlehre einerseits, in deren Rahmen die Fallkontrastierung sinnvoll ist und ihren Ort hat,[97] und Methode der Fallrekonstruktion und Strukturgeneralisierung andererseits ist deutlich zu unterscheiden.[98] Je nach Forschungsfrage kann es, hat man die Fallstruktur

97 Diese Kontrastierung ist dann auch in der Fallauswahl sequenziell, gemäß methodologisch begründeter Sequenzierung durchzuführen (Oevermann 2000a: 98).

98 Diese Unterscheidung wird in den Darmstädter Vergleichsstudien, so schon Ergebnisse daraus vorgelegt wurden, nicht explizit gemacht. So verbleiben Johannes Marent und Ralph Richter bei ihrer Untersuchung des Stadtmarketings trotz ihrer Zurückweisung der Varianzmessung noch in der Logik des Variablenvergleichs, die es nicht erlaubt, die eigenlogische Struktur als generative zu erfassen: »Die Vergleichsoperation kann nicht als Varianzmessung verstanden werden, die ein gesellschaftliches Allgemeines zum Maßstab hat. Nimmt man die Vorstellung ernst, dass sich die Welt in Städten in je eigener Weise manifestiert, dann kann die Differenzbildung immer nur eine relationale Operation sein, die die jeweilige Stadt zum Feld der Beobachtungen in Beziehung setzt und das für sie Typische benennt. Je mehr Beobachtungen vorliegen, desto genauer kann das geschehen.« (Marent/Richter 2013: 22) – Und bei der vergleichenden Untersuchung des Friseurwesens in vier Städten

eines auf kollektiver Ebene angesiedelten Sozialgebildes erst einmal bestimmt, durchaus von großem Interesse sein, die möglichen Variationen dieser Struktur zu erfassen (vgl. Loer 2000);[99] hier kommt dann wieder der Vergleich ins Spiel, der »ein Übersehen von für die allgemeine Untersuchungsfrage relevante Typen [...] verhindern« soll (Oevermann 2000a: 128).[100]

wird zwar vorsichtig davon gesprochen, dass mittels des Vergleichs etwas in den Blick trete: »Wegen ihrer Selbstverständlichkeit sind Eigenlogiken den Bewohnern einer Stadt hauptsächlich praktisch, kaum diskursiv bewusst. Damit wird erst durch den Vergleich verschiedener Städte (Between-Case-Variation) das Spezifische einer einzelnen Stadt erkennbar. Die Aspekte einer Eigenlogik treten demnach als Differenzen zwischen Städten in den Blick.« (Baur et al. 2013: 10) Es wird aber nicht deutlich markiert, dass dies ein heuristisches In-den-Blick-Treten im Sinne von Aufmerksamkeit auf sich lenken ist, nicht ein Methodisch-bestimmbar-Sein. Zudem wird hier implizit angenommen, die diskursive Bewusstheit von Handlungs- und Deutungsmustern gäbe eine methodische Geltungsbasis für Schlüsse auf die Bestimmtheit dieser Muster durch eigenlogische Strukturen der Städte ab.

99 Um die Variation welcher Struktur es dabei geht, ist Folge der Forschungsfrage und nicht eines unterschiedlichen Ansatzes – dies vertritt aber Sybille Frank (2012: 301 f.) bezugnehmend auf Petra Gehring (2008: 156 f.). So ist es eine Folge der Forschungsfrage, ob ich – um das dort verwendete Beispiel aufzunehmen – (a) die Offenbacher Obdachlosigkeit als Variation der eigenlogischen Struktur Offenbachs untersuche – dann wäre eben diese mein Forschungsgegenstand und ich untersuchte, wie diese eigenlogische Struktur auf die allgemeinen Bedingungen für und von Obdachlosigkeit operiert –; oder ob ich (b) die Offenbacher Obdachlosigkeit als Variation des allgemeinen Phänomens von Obdachlosigkeit untersuche – dann wäre eben dieses mein Untersuchungsgegenstand und ich untersuchte, wie die Eigenstrukturiertheit dieses Phänomens sich unter den Bedingungen der eigenlogischen Strukturiertheit Offenbachs realisiert. Methodisch hätte dies die Konsequenz, dass im Falle (a) ein Obdachloser etwa (oder z. B. die Obdachlosenpolitik in Offenbach) als Fall von Offenbach (der eigenlogischen Struktur dieser Stadt), Obdachlosigkeit als Eröffnungsparameter und die eigenlogische Struktur der Stadt Offenbach als Auswahlparameter zu gelten hätten, im Falle (b) hingegen ein Obdachloser etwa (oder z. B. die Obdachlosenpolitik in Offenbach) als Fall des Phänomens Obdachlosigkeit generell, die eigenlogische Struktur der Stadt Offenbach als Eröffnungsparameter und Obdachlosigkeit als Auswahlparameter. – Vgl. Loer 2006c: 362 ff.; s. o., S. 44).

Um Missverständnissen vorzubeugen sei hier nochmals darauf hingewiesen, dass es nicht um die Behauptung der Unbrauchbarkeit des Vergleichs in der interpretativen Sozialforschung geht;[101] es geht allein um seinen methodologischen Status. Wenn das vergleichende Vorgehen so zusammengefasst wird: »Gleichen sich Handlungen in einer Stadt und unterscheiden sie sich von anderen Städten, so interpretieren wir sie als erkennbare Wirkungen einer eigenlogischen Struktur.« (Baur et al. 2013: 8), so stellt sich die Frage, was heißt hier ›interpretieren von etwas als etwas (anderes)‹ und was sind die Geltungsgründe, die aus diesem Schluss einen methodischen machen? Das Feststellen von Differenzen und Gemeinsamkeiten ist in der Regel sehr aufschlussreich und eine Grundoperation der Forschung – und in den bisher vorgelegten Vergleichen (Barbehön/Münch 2013, Baur et al. 2013, Marent/Richter 2013) ist es dies ohne Frage; aber selbst wenn man dies nur als einen ersten Schritt betrachtet – etwa: »Ein erster methodischer Zugang zur Eigenlogik der Städte besteht in der Suche nach Homologien.« (Marent/Richter 2013: 14) –, so muss, bevor man feststellt, dass zwei (oder mehr) Dinge übereinstimmen, also dasselbe sagen (ὁμολογεῖν), diese vorab als solche bestimmt haben, die da etwas sagen. Das heißt, um eine methodisch angeleitete und in ihrer Geltung methodologisch gesicherte Rekonstruktion der jeweiligen Fallstruktur, die über eine – und sei sie aus noch so genauer Beobachtung hervorgehende noch so prägnante – »charakterisierende Stadtforschung« (Frank 2012: 301 f.) hinausgeht, kommt man nicht umhin.

100 Dass es um Variationen der Struktur und nicht um die quantitative Verteilung der Typen geht, macht Oevermann an der genannten Stelle deutlich, wenn er die Frequenzanalysen als der Fallrekonstruktion nachgeordnet ausweist (misslicherweise hat dort ein offensichtlich unverständinger Lektor dreimal aus »Frequenzanalysen« »Sequenzanalysen« gemacht).

101 Um seinen praktischen Zweck, den etwa Gaston Cadoux in seinem Vergleich von London, Paris und Berlin implizit verfolgt (1908; vgl. »Au total, on s'aperçoit que notre grande ville de Paris, si elle est inférieure par certains côtés, est supérieure par d'dautres-« – Lefèvre 1908: VIII), geht es hier gar nicht.

3 Methodische Ansätze zur Untersuchung des Gegenstands ›Stadt‹

Ausgehend von den Überlegungen zur Gegenstandskonstitution und deren methodologischen Implikationen

Vorbemerkung

Die methodischen Ansätze wären am besten exemplarisch an bereits erhobenem Material – etwa aus den verschiedenen Projekten des Darmstädter Forschungsverbundes – zu exemplifizieren; dies kann hier aus kontingenten Gründen nicht erfolgen, weswegen methodische Schlüsse aus den konstitutionstheoretischen und methodologischen Grundlagen gezogen und in allgemeiner Form entwickelt werden.[102] Auf eine abstrakte Auseinandersetzung mit konkurrierenden Methoden wird dabei verzichtet; eine solche wäre erst fruchtbar in Anwendung auf empirisches Material.

Allgemeines zur Fallbestimmung

»If [...] cities can be said to have special personalities, we must acknowledge that these personalities are by now split into multiple personae.« (Abu-Lughod 1999: 425 f.) – Gemäß dieser Aussage sollen im folgenden die methodisch relevanten Praxistypen betrachtet werden.

Ausgehend von der methodologischen Grundlegung ist es zunächst entscheidend, zu bestimmen, was der Fall ist (vgl. Wernet 2009: 53-57, 89). Für die Frage nach der eigenlogischen Struktur kommen drei Kandidaten infrage: (1) *A-Stadt als ganze*, also die Fallstruktur von A-Stadt als Handlungsinstanz mit Entscheidungsmitte (im folgenden kurz: *FS A-Stadt*); (2) eine *Praxis M als Fall von A-städtischem Handeln*, also als Handeln, das durch die eigenlogische Struktur von A-Stadt bestimmt ist; hier ist die Praxis also von der eigenlogischen

102 Im Anhang findet sich eine Liste, die unsystematisch und unvollständig Bereiche des Untersuchungsgegenstands ›Stadt‹ versammelt, ohne dass die methodischen Überlegungen dazu ausgeführt würden.

Struktur strukturierend beeinflusst (im folgenden kurz: *EFS A-Stadt*); schließlich (3) eine *Praxis N als Fall eines Handelns in A-Stadt*.

Wir sehen bereits an der Formulierung bei Kandidat (3): *Praxis als Fall eines Handelns in A-Stadt*, dass hier nicht A-Stadt als handelnd bzw. Handeln strukturell beeinflussend gedacht ist, sondern als Rahmen, der, im Sinne des Eröffnungsparameters für die Praxis, die *in* A-Stadt handelt, Handlungsoptionen eröffnet, auf deren Auswahl aber keinen Einfluss hat. Wenn also etwa ein Kongressteilnehmer N aus B-Stadt in A-Stadt ein Hotel sucht, so eröffnen das Hotelangebot, dessen Sichtbarkeit im Internet oder bei der Tourismusinformation am Bahnhof, die Kenntnisse und Haltungen des Taxifahrers etc. für ihn Handlungsoptionen; welche davon er aber wählt, wird von A-Stadt nicht strukturierend beeinflusst.

Ähnlich einfach – nur gegenteilig – ist es bei Kandidat (1): *A-Stadt als ganze*. Wenn etwa der der Rat von A-Stadt einen Vertrag beschließt, so handelt hier die Stadt selbst; und wie jede Handlungsinstanz mit Entscheidungsmitte wird dieses Handeln durch ihre Fallstruktur, die eigenlogische Struktur von A-Stadt, generiert, die sich in den Objektivationen des Handelns zeigt (vgl. Fn. 105).

Für die Frage der eigenlogischen Struktur einer Stadt schließlich ist (2): *Praxis M als Fall von A-städtischem Handeln*, der interessanteste, zugleich aber auch der methodisch am schwierigsten zu bestimmende Kandidat. Wenn eine Praxis durch die eigenlogische Struktur der Stadt bestimmt ist – also etwa die Praxis eines A-städtischen Friseurs (vgl. Baur/Löw 2010, Baur et al. 2013) –, so müssen wir davon ausgehen, dass bestimmte Momente ihres Habitus und Aspekte ihres Deutungsmusters durch diese eigenlogische Struktur so beeinflusst sind, dass sie in den Objektivationen ihres Handelns sich zeigt. Nehmen wir den Friseur, so eröffnen die Regeln des Marktes und in spezifischer Weise die seines Handwerks für ihn einen Raum von Handlungsoptionen, aus denen er in seinem Handeln eine Auswahl trifft, die eben durch die eigenlogische Struktur der Stadt beeinflusst ist (siehe Abbildung 2).

Das Handeln ist bei Kandidat (1) also durch die eigenlogische Struktur der Stadt generiert; bei Kandidat (2) durch die eigenlogische Struktur der Stadt strukturierend beeinflusst. – Wie lässt sich dann die eigenlogische Struktur der Stadt methodisch bestimmen?

In einem ersten Schritt müssen wir die möglichene Praxen bestimmen, die für die Kandidaten (1) und (2) stehen können. Der erste Fall

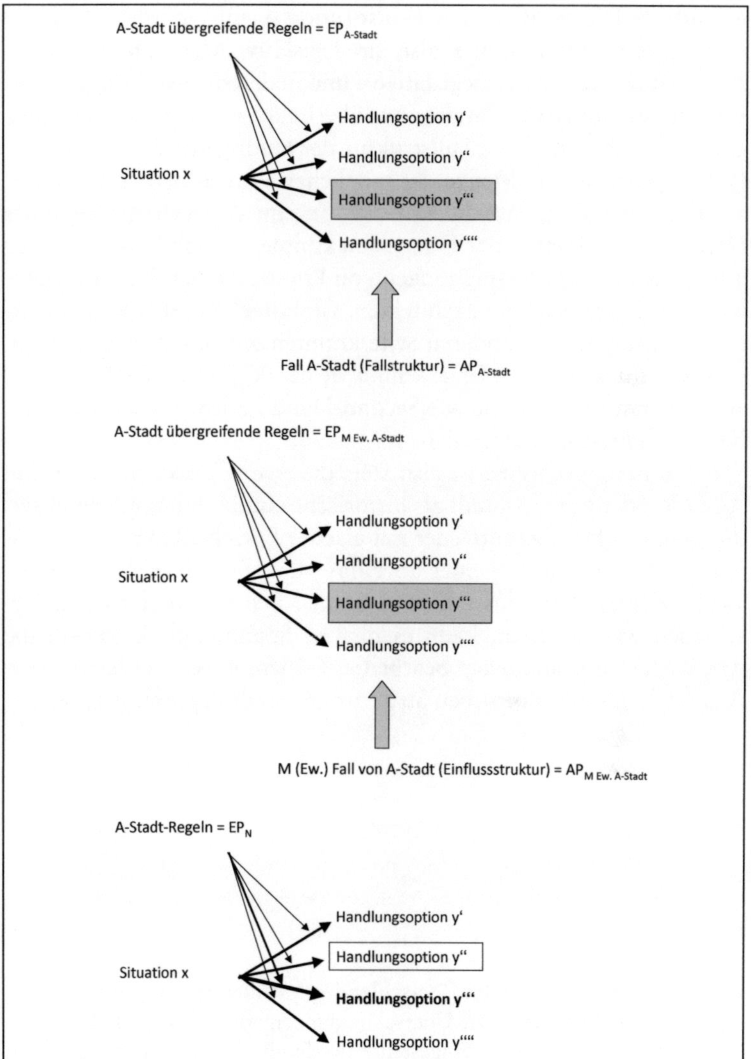

Abbildung 2: Stadt als Auswahlparameter (AP) und Eröffnungsparameter (EP)

ist einfach: Die Stadt hat eine Konstitution (Gemeindeverfassung),[103] in der ihre Handlungsmitte, also ihre legislative Macht, bestimmt ist. Alle Handlungen dieser Legislative – und in deren Ausführung die der Exekutive – sind, wenn anders wir überhaupt von einer solchen ausgehen können, durch die Fallstruktur der Stadt generiert. Im zweiten Fall hingegen ist die Menge der möglichen Praxen bereits so umfassend und vielfältig, dass die Kriterien für eine Auswahl nicht auf der Hand liegen. Als eine erste Dimension könnte die Sichtbarkeit dienen: auf der einen Seite Ausprägungen von Praxis, die der Stadt ihr sichtbares Antlitz geben, wie Architekten, Gestalter[104] und Nutzer öffentlicher Plätze; auf der anderen Seite könnten wir uns dem zuwenden, was Anselm Strauss das Ungewöhnliche nennt (Strauss 1968: 523 ff.), zu dem etwa das Triviale wie Second-Hand-Läden, Perückenmacher oder eben Friseurläden zählen.

Fall unserer Analysen ist also stets die *eigenlogische Struktur von A-Stadt*, oder kurz: A-Stadt als historisches Individuum mit einer Bildungsgeschichte, das entweder mit eigener Entscheidungsmitte selbst handelt (FS A-Stadt)[105] oder aber das Handeln seiner Angehörigen strukturierend beeinflusst (EFS A-Stadt). Da dies analytisch unterschieden werden kann, kann es hier zu Spannungen kommen; die Art, wie diese Spannungen bearbeitet werden, muss aber letztlich als Ausdruck der eigenlogischen Struktur der Stadt begriffen werden.

103 Für die Bundesrepublik Deutschland vgl. Andersen 1997: 176-179.

104 Hier wird es häufig zu Überschneidungen mit FS A-Stadt kommen, da Stadtplaner häufig Angestellte der Stadt sind und damit in ihrem Namen handeln oder im Rahmen von Wettbewerben handeln, die wiederum von der Stadt selbst veranwortet werden.

105 Dass die Entscheidung, die diese politische Entscheidungsmitte trifft, ihrerseits Ergebnisse von politischen Kämpfen sind, ändert nichts daran, dass sie Objektivationen der FS A-Stadt sind. In den Kämpfen um die Entscheidungen wiederum, in den Konfliktlösungsmustern, in der politischen Kultur zeigt sich die EFS A-Stadt.

Ausprägungen der Praxis der eigenlogischen Struktur und ihr typisches Handeln

Außer beim Handeln der Stadt als Praxis mit Handlungsmitte – also mittels ihrer durch die Gemeindeverfassung festgelegten Organe – ist bei allen anderen Ausprägungen von Praxis die Frage, ob sie als durch die eigenlogische Struktur der Stadt bestimmt gelten dürfen, eine empirische. Damit dort keine Artefakte produziert werden – was ja nur in den Fällen passieren kann, wo dann in der Analyse das Wirken der eigenlogischen Struktur nicht festgestellt werden kann[106] –, muss insbesondere bei den Ausprägungen der Praxis, die in falsifikatorischer Absicht untersucht werden, geprüft werden, ob sie als Fall von A-städtischem Handeln überhaupt gelten dürfen. Dies lässt sich nicht abstrakt kriterial festlegen, sondern muss am spezifischen Fall geprüft werden, da es zwar kein Problem darstellt, die clear cases der Nicht-Zugehörigkeit zur Stadt (wie etwa den oben erwähnten Kongressbesucher) vorab zu konstruieren, dies aber für die falsifikatorisch relevanten Fälle genau nicht möglich ist. Für diese muss ja gelten, dass sie ernsthafte, aber zugleich unwahrscheinliche Kandidaten für einen Fall von A-städtischem Handeln sind. Die Friseure (Baur/Löw 2010, Baur et al. 2013) sind ein guter Kandidat dafür: »Existieren stadtspezifische Eigenlogiken, so sollten sich diese in allen Branchen zeigen. Daher erscheint es sinnvoll, keine Branche zu wählen, die eine der Städte offensichtlich prägt (wie z. B. der Bergbau im Ruhrgebiet oder das Kneipenwesen), sondern eine, in der scheinbar ›neutral‹ und ›ortsunabhängig‹ gewirtschaftet wird. Je standardisierter zudem die Strukturen einer Branche sind (Ausbildungswesen, Bezahlung, Aufstiegsoptionen), desto klarer lässt sich der städtische Einfluss nachweisen. [...] Diese hohe Standardisierung macht das Friseurwesen zu einem aus theoretischer Perspektive kritischen Fall. Wenn sich trotz der nationalen Homogenisierung der Branche [...] signifikante Unterschiede zeigen, dann lässt sich mit hoher Sicherheit sagen, dass diese auf städtische Eigenlogiken zurückzuführen sind. [...] Um die Komplexität des Untersuchungsdesigns nicht zu stark zu erhöhen

106 Überall dort, wo empirisch das Wirken der eigenlogischen Struktur festgestellt werden kann, muss dieses ja auch in seiner konkreten Motivierung bestimmt werden können, weshalb hier eine Zurechnung zur Stadt nicht bloß artifiziell wäre.

und um sich auf die Fragestellung des Wechselverhältnisses von Markt und Stadt fokussieren zu können, wählen wir eine Dienstleistungsbranche, da hier in der Regel Produktion und Handel/Verkauf zusammenfallen und die Zuliefererdichte vergleichsweise gering ist. [...] Dienstleistungen wie das Friseurwesen sind [...] stärker lokal orientiert und eignen sich damit in besonderem Maße, um lokale Konventionen des Wirtschaftens zu analysieren.« Außerdem »rekrutiert sich die Arbeitnehmerschaft voraussichtlich vornehmlich aus der lokalen Bevölkerung, was – so unsere Erwartung – Einflüsse der Stadt deutlicher hervortreten lässt.« (Baur/Löw 2010: 10f.).

Da es sich um Praxen verschiedener Ausprägungen handelt, die hier untersucht werden, kann an dieser Stelle nur allgemein das Modell benannt werden, nach dem auf der Grundlage der konstitutionstheoretischen und methodologischen Ausführungen Fälle von A-städtischem Handeln zur Rekonstruktion der eigenlogischen Struktur von A-Stadt zu untersuchen sind. Für die Frage, welche Ausprägungen von Praxis auszuwählen sind, sind einige allgemeine Relevanzkriterien angebbar, aber eine allgemeine Bestimmung lässt sich nicht vornehmen. Zentral ist sicherlich das Verhältnis von Öffentlichkeit und Privatheit; es sollte auf jeden Fall durch die ausgewählten Ausprägungen von Praxis abgedeckt sein. Dazu gehört die Frage, inwiefern der Bereich der scheinbar reinen Privatheit, der als kontrastiv dazu verstanden werden könnte, nicht eben in seinem (und sei es abgrenzenden) Bezug zur Öffentlichkeit ebenfalls zu untersuchen wäre.[107]

Für alle Ausprägungen von Praxis aber gilt: Handeln ist stets Entscheiden im Sinne der Auswahl aus durch Regeln eröffneten Handlungsoptionen.[108] Insofern ist für die jeweilige Praxis, die als *Fall A-städtischen Handelns* untersucht werden soll, zu bestimmen, in

107 Vgl. zu diesem Komplex Bahrdt 1996b, c; s. auch: »›You never know who people are in London,‹ she said. ›One thing leads to another, and before you know where you are you're mixed up with a lot of riff-raff and you can't get rid of them.‹« (Maugham 1980: 771)

108 Diese Bestimmung schließt die Eröffnung neuer Handlungsoptionen nicht aus; hier kommt die historische Dialektik von Entscheidung in eine offene Zukunft hinein und Rekonstruktion der Entscheidung als gerechtfertigt zum Tragen. An dieser Stelle mag ein entsprechender Hinweis genügen: »The emergent when it appears is always found to follow from the past, but before it appears it does not, by definition, follow from the past« (Mead 1930/1932: 2; vgl. Loer 2006c: 347f.).

welchem Raum von Handlungsoptionen sie Entscheidungen zu treffen hat, die für sie als typisch gelten können. Auch dies ist abstrakt nicht zu bestimmen, sondern eben von dem Fall des A-städtischen Handelns, der ausgewählt wurde, abhängig. Allenfalls eine Kontrastierungsstrategie lässt sich vorab als sinnvoll benennen, nämlich, dass man sowohl Handlungen untersuchen sollte, die ihrem Inhalt nach stadtbezogen sind – also etwa bei den Friseuren »Außenpräsentation/Werbung (Fassadengestaltung, Schaufensterdekoration, Werbemaßnahmen)« (Baur/Löw 2010: 15) oder beim Stadtmarketing etwa die »Berichterstattung und Kommentierung zur ersten professionellen Leitbildkampagne« (Berking/Frank 2010: 18) – und andererseits Handlungen, bei denen ein Stadtbezug eher nachrangig zu sein scheint – etwa »Begrüßung/Verabschiedung« von Kunden (Baur/Löw 2010: 14) oder eben Berichterstattung über stadtunspezifische Themen.

Für das *Handeln von A-Stadt* könnte man das IAD-Modell von Elinor Ostrom (vgl. Heinelt 2010: 17f., 20-23) zurückgreifen; allerdings beinhaltet es eine Ambiguität, da die »Rules in Use« (a.a.O.: 21) dort einerseits die Rolle von Eröffnungsparametern spielen, die eben dem Handeln der Akteure bestimmte Handlungsspielräume eröffnen, andererseits als »rules in the head« (a.a.O.: 22) Moment des Auswahlparameters sind, die das Entscheidungshandeln selbst strukturierend beeinflussen.[109] Insofern müsste dieses Modell entsprechend angepasst werden: Dass stadtspezifische Handlungs- (z.B. Konfliktlösungs-) und Deutungsmuster (z.B. Weisen der Inanspruchnahme von Wissen) gerade als fallspezifische untersucht werden

109 Dies hängt damit zusammen, dass Handeln in Ostroms Modell letztlich nach dem Konzept des rational choice modelliert ist, womit alle nicht im Sinne der nach gegebenen Kriterien vollzogenen Abwägung rationalen Momente des Handelns als äußerliche Bedingungen konzipiert werden. Wenn Handeln aber nach dem Modell des Entscheidens angesicht einer offenen Zukunft, die durch Regeln eröffnet wurde, verstanden wird, das sich somit auch erst im dialektischen Prozess von Entscheiden und Selbstrechtfertigen als material rational erweisen kann (vgl. Loer 2007a: 32-35), so sind gerade Habitusformationen und Deutungsmuster, eben auch diejenigen, die durch die eigenlogischen Strukturen der Kultur der man angehört, geprägt sind, Momente des Auswahlparameters und nur als solche lassen sie sich im Handeln, in dem sie sich realisieren und das sie strukturierend beeinflussen, rekonstruieren.

sollen, erfordert es, sie als Momente des Auswahlparameters zu rekonstruieren: aus Handlungen, die angesichts der (etwa durch Nachhaltigkeitsvorgaben der nationalen oder supranationalen Politik) eröffneten Handlungsmöglichkeiten erfolgen.[110] Auch hier könnte man ein Kontrastivitätsdesign wählen von Entscheidungen, die scheinbar keine Spielraum lassen, und solchen, die ins Ermessen der Stadt gestellt sind; dies könnte man noch kombinieren mit der Dimension der vermutlichen Relevanz für das städtische Selbstverständnis. Damit hätte man ein Feld von Entscheidungen, in denen die eigenlogische Struktur der Stadt vermutlich unterschiedlich dominant ist; könnte man ihr Wirken gleichwohl in allen Fällen nachweisen, wäre dies ein aussagekräftiger Indikator für ihre objektive Realität.[111]

110 Für Frankfurt etwa lässt sich – im Gegensatz zu den Vergleichsstädten – feststellen, dass der Handlungsrahmen überschritten wird: »Auf einer Stadtverordnetenversammlung wird erwähnt, dass ›Frankfurt erneut dafür bestraft wurde, dass wir schneller und umfassender gehandelt haben, als das Land geplant hat‹ (Protokoll der StVV, 27.05.2010). Zudem wird in einem Interview mit einer Stadtpolitikerin explizit hervorgehoben, dass ›man manchmal gegen das Land und manchmal über das Land hinweg [entscheiden muss], weil das geht alles zu langsam‹ (Interview vom 05.09.2011). Diese Aussagen zeigen, dass in Frankfurt das eigene Handeln im Vordergrund steht. Auch wenn Entscheidungskompetenzen auf höherer politischer Ebene liegen, nimmt man sich in Frankfurt das Recht, selbst zu bestimmen, wenn man denkt, dass dies nötig ist. Der Glaube an die Wirksamkeit des eigenen Handelns ist nicht nur eine Selbststilisierung, sondern wird auch von außen wahrgenommen bzw. kritisiert: ›Auch in ihren Debatten im Römer [...] suggerieren sie [die Lokalpolitiker(innen) Frankfurts, Anm. d. Verf.] eine Allmacht, Allkompetenz, die sie gar nicht haben‹, so die Einschätzungen eines Vertreters des Regierungspräsidiums.« (Marent/Richter 2013: 16). Vgl. auch: »Im Frankfurter Problemdiskurs manifestiert sich die Grundüberzeugung, die Stadt sei Herrin über ihre Probleme und könne sie selbst adäquat und vor allem schnell bearbeiten. Diese Überzeugung zeigt sich auch in Politikfeldern, in denen die Landesebene weitreichende Kompetenzen besitzt, wie es bspw. in der Bildungspolitik der Fall ist. Die sich hierin abspielenden politischen Auseinandersetzungen sind von dem Frankfurter Vorwurf durchzogen, die Landesebene agiere zu langsam und bremse die Stadt in ihrer Dynamik.« (Barbehön/Münch 2013: 11)

111 Dass dies methodologisch gleichwohl nicht als Nachweis gelten kann, wurde oben expliziert (s. S. 57-61).

Spuren des relevanten Handelns

Da wir die eine Praxis bestimmenden Strukturen immer nur aus Spuren ihres Handelns rekonstruieren können, wäre der nächste Schritt nach der Auswahl der entsprechenden Ausprägungen von Praxis und der Identifikation der für sie typischen Entscheidungstypen, zu bestimmen, welche Objektivationen sich für die Untersuchung des in diesem Entscheiden sich realisierenden Auswahlparameters eignen und wie sie zu erheben bzw. wo sie zu finden sind. Auch dies ist nicht abstrakt ohne Kenntnis der vorgängigen Auswahl sinnvoll; es lässt sich lediglich festhalten, dass vermutlich in den meisten Fällen eine Kombination der von Johann Gustav Droysen aufgelisteten Materialtypen »Überreste«, »Denkmäler« und »Quellen« (1937/1960: 37-84) mit selbst zu erhebenden Daten wie Video- und Audioaufzeichnungen natürlich ablaufender Handlungen,[112] Video- und Audioaufzeichnungen zu Erhebungszwecken vollzogener Handlungen (etwa Interviews, Exemplifikationen von Arbeitsabläufen etc.) erforderlich sein wird.

Zu einigen der möglichen und möglicherweise gegenüber der Erforschung anderer Gegenstände der interpretativen Soziologie eher unüblichen Datentypen[113] sollen im folgenden einige zusätzliche Überlegungen angestellt werden. Diese sind knapp gehalten und im Sinne leitender Überlegungen zu verstehen, die an konkretem Datenmaterial zu elaborieren und zu spezifizieren wären.

Raum

Ein entscheidende Objektivation der eigenlogischen Struktur der Stadt ist gewiss der Raum, der in einer Stadt hergestellt wird – vornehmlich sind dies Plätze (vgl. Oldenburg 1991) und Straßen.[114] Diese sind

112 Dass jede Aufzeichnung die ›natürlich ablaufenden Handlungen‹ beeinflusst, ist bei der Analyse zu berücksichtigen (vgl. Loer 2010: 352f.).

113 Zu den üblichen zähle ich hier insbesondere Audioaufzeichnungen von Interviews, Videoaufzeichnungen von verschiedensten Praktiken, schriftsprachliche Dokumente, Fotos von Handlungen, Kunstwerke.

114 »Streets and their sidewalks, the main public places of a city, are its most vital organs. Think of a city and what comes to mind? Its streets.

nicht nur als Abdrücke und Ausdrucksgestalten (vgl. o., S. 46-49) der eigenlogischen Struktur der Stadt von Interesse, sondern setzen ja zugleich einen Handlungsrahmen für das Handeln von Bürgern, Einwohnern und Besuchern der Stadt.[115] So ist »zum Beispiel ein Gebäude oder eine Kulturlandschaft mit ihrem Wegenetzt immer etwas [...], das einerseits eine Anweisung für die zukünftige Praxis enthält, in die aber andererseits die praktischen Erfahrungen der Vergangenheit idealisiert Eingang gefunden haben.« (Oevermann 2000a: 115) Der Raum lässt sich nun seinerseits anhand verschiedener Datentypen untersuchen: Luftbilder,[116] Karten[117], Fotos, Videoaufzeichnungen (der Nutzung des Raumes). Entscheidend ist hierbei, dass expliziert wird, welche Handlungsmöglichkeiten durch den Raum eröffnet

If a city's streets look interesting, the city looks interesting; if they look dull, the city looks dull.« (Jacobs 1961: 29)

115 Wirth fasst diesen Rahmen unter dem Titel »physical structure« weiter: »Urbanism as a characteristic mode of life may be approached empirically [...] (1) as a physical structure comprising a population base, a technology, and an ecological order« (1938: 18 f.). – Wenn Bourdieu schreibt, »daß der von einem Akteur eingenommene Ort [»an dem er mehr oder weniger dauerhaft situiert ist«] und sein Platz [»den er im Raum (legal) einnimmt«] im angeeigneten physischen Raum hervorragende Indikatoren für seine Stellung im sozialen Raum abgeben« (Bourdieu 1991: 26), so kann man daraus auch umgekehrt auf die Optionen schließen, die der Raum zur Realisierung des jeweiligen Handelns und damit eben auch der jeweiligen Stellung im sozialen Raum bietet. – So wurde unlängst etwa in Chicago die Einrichtung einer neuen Stadtbahnlinie, die den Raum eines wohlhabendes Viertel erschlossen hätte, von dessen Bewohnern hintertrieben (mdl. Mitteilung durch Armin Möhrle/Chicago).

116 Vgl. hierzu Wienke 2001 und Chombart de Lauwe 1948a; vgl. auch: »Ces relations entre le milieu naturel et l'implantation humaine se précisent lorsqu'on survole des régions différentes ou que l'on compare des vue aériennes les représentant. D'une part le relief, la nature du sol, le climat, la végitation, la faune, d'autre part les marques des aménagements humains et de la structure agraire, la disposition de l'habitat sont des éléments qui, dans la vision de l'aviateur, sont constamment entremêlés et manifestent entre eux des rapports étroits.« (Chombart de Lauwe 1948b: 210)

117 Vgl. hierzu Chombart de Lauwe et al. 1952; etwa die Karten S. 44 f., 50.

(und nahegelegt werden, s. u., 73 ff.); diese sind dann einerseits auf die Möglichkeiten einer anderen Raumgestaltung hin zu untersuchen und zu befragen, was darin zum Ausdruck kommt, dass gerade diese Möglichkeiten gewählt wurden; andererseits sind sie daraufhin zu befragen, was es für die Nutzer des Raumes bedeutet, mit diesen Möglichkeiten konfrontiert zu sein (vgl. unten, S. 76-80).

Atmosphäre

Die Atmosphäre eines Raumes wird durch den Raum erzeugt und ist auf ihn bezogen. Die Totalität aller Handlungsmöglichkeiten, die durch einen Raum eröffnet, angeboten und zu imaginieren auf sinnliche, leiblich spürbare Weise[118] nahegelegt werden, stellt die Atmosphäre dieses Raumes dar; zu den imaginierten gehören insbesondere jene Handlungsoptionen, die zu dem und in den Raum passen und in ihm verspürt,[119] aber wegen der gegebenen Situation (und der durch sie gesetzten pragmatischen Rahmung) wahrscheinlich nicht realisiert werden. Beispielsweise eröffnet ein Café potentiell die Möglichkeit der geselligen Interaktion und bietet sie an[120] und eine Backsteinwand in einem Bürogebäude erzeugt die Atmosphäre einer Fabrik, indem sie die Herstellung konkreter Produkte auf sinnliche, leiblich spürbare Weise zu imaginieren nahelegt; dies ist also nicht lediglich die historisch legitimierte Erinnerung an eine Fabrik, sondern wird durch die materiale Gestalt der unverputzten, rohen Wand, in die die

118 Anders als in einer Bestimmung von Gernot Böhme (2012) ist hier die Leiblichkeit des Verspürenden (s. folgende Fn.) thematisch. (Bei Böhme heißt es: »Bei Personen, Kunstwerken [...] u. a. kann von der A. gesprochen werden, die sie haben. So gesehen ist ihre A. der Raum ihrer spürbaren leiblichen [...] Anwesenheit.« – a. a. O.: 33 f.)

119 »›mit den sinnen wahrnehmen‹: aus gewissen spuren erkennen .. wo es besonders von der erkenntnisz durch die sinne gebraucht wird ADELUNG. diese wahrnehmungen werden entweder am eignen körper oder doch mittels des eignen körpers gemacht.« (Grimm/Grimm 1956/1991: Sp. 1509)

120 Wegen der Entlastung von Zweckorientierung wird im Café nicht nur die Möglichkeit zu einem Gespräch, in dem »Reden zum Selbstzweck wird« (Simmel 1911/1969: 11), *eröffnet*, sondern *nahegelegt*; vgl. Oldenburg 1991.

Geschichtlichkeit des Materials als sinnlich wahrnehmbare Qualität eingeht, auf der wiederum die Erinnerung aufruht, generiert.[121]

Wenn Rolf Lindner schreibt: »the imaginary gives a place a meaning, sense, ›lends it a spirit‹, which ›touches‹ us [...]. It is this supplement which makes a city not only a lived place but also a dreamed one. The imaginary of the city [...] is the reverie of the real.« (Lindner 2006: 36) und: »images must correspond to the imaginary, i. e. be culturally homologous« (ebd.), dann lässt er dabei unerwähnt, dass die Bilder einer Stadt nicht nur mit den Träumen, sondern auch mit ihrer Wirklichkeit, die in die Träume allerdings ja auch eingeht, korrespondieren müssen. Korrigieren wir seinen konstruktivistischen Bias, so zeigt sich, dass in das, was er das Imaginäre einer Stadt nennt, ihre Atmosphäre dominant eingeht – und zwar bezogen auf eine spezifische kulturelle Wahrnehmungsperspektive. Das Gesamt der von der Räumlichkeit einer Stadt eröffneten, angebotenen und auf sinnliche, leiblich spürbare Weise zu imaginieren nahegelegten Möglichkeiten bildet ihre Atmosphäre. Das *Imaginäre* in Lindners Sinne ist diese Atmosphäre und deren Vermittlung in gestalteten Repräsentationen als Gesamt eröffneter Möglichkeiten *für eine bestimmte Lebenspraxis.*[122] Insofern ist die *Atmosphäre* eine *Objektivation der Stadt* und insofern ist das *Imaginäre* eine *Objektivation der sich auf die Stadt beziehenden Praxis.* Letztere ist ohne erstere nicht zu analysieren; erstere ist ohne eine letztere als Startpunkt schwer[123] zu

121 Diese Atmosphäre ist es – so eine These, die zu entwickeln sich mir kürzlich in einem Beratungsprojekt über die Arbeitsplatzgestaltung aufdrängte –, die sogenannten Wissensarbeiter, deren Produkte abstrakt sind, dazu bewegt, sich vielfach solche Räume für ihre Büros auszusuchen. – Für einen entsprechenden Hinweis danke ich Alexander Mereien (Frankfurt am Main).

122 In diesem Sinne sagen Wohl und Strauss: »city people must *respond* psychologically to their urban environment« (Wohl/Strauss 1958: 523; Kursiv. hinzugefügt)

123 Oder gar nicht: Ohne dies hier ausführen zu können, gehe ich davon aus, dass die subjektive Perspektive des Forschers auf seinen Gegenstand, die zu einer *Resonanz* führt, ihn an diesem Gegenstand Bedeutungen entdecken lässt, die sonst u. U. verborgen blieben; die Rekonstruktion dieser Bedeutungen muss sich allerdings methodisch nachprüfbar am Gegenstand bzw. an seinen Objektivationen erweisen. Gleichwohl, so die über die Unterscheidung von *context of discovery* und *context of justification* (Arnold Brecht) hinausgehende Behauptung, hat die in der

erschließen. Die Atmosphäre ist ein Teil der Wirklichkeit einer Stadt; das Imaginäre ist die Realität dieses Teils der Wirklichkeit einer Stadt, d. h. die Wirklichkeit *für* eine spezifische Praxis.[124] Was Wohl und Strauss in diesem Zusammenhang »symbol« nennen (Wohl/Strauss 1958: 526f.), ist dann zu begreifen als Verdichtung der Atmosphäre (wiederum aus einer bestimmten, wenn auch Allgemeingültigkeit beanspruchenden Perspektive) in einer Weise, dass es in der Lage ist, einer Imagintion einer Stadt durch eine Praxis einen gültigen Anhaltspunkt zu geben.[125]

Wie untersucht man Atmosphäre? Atmosphäre ist raumgebunden und muss insofern zusammen mit dem Raum untersucht werden. Dass diese Handlungsmöglichkeiten dem Raum »nur in Bezug auf ein Subjekt zukommen« (Böhme 1995: 33), ist dabei ebenso zutreffend, wie dass sie zugleich aber erst durch den Raum konstituiert werden; die Handlungsmöglichkeiten, die der Raum eröffnet, anbietet und auf sinnliche, leiblich spürbare Weise zu imaginieren nahelegt, müssen von seiner konkreten Gestalt und Materialität her entfaltet werden.[126] – Aufschlussreich ist es dann natürlich, diese Entfaltung mit der tatsächlichen Nutzung zu konfrontieren, zu sehen, welche dieser Möglichkeiten von welcher Praxis realisiert werden und welche nicht.

Erfahrung des Forschers gründende subjektive Perspektive als objektiv reale (vgl. Mead 1927/1964) nicht lediglich forschungspsychologische, sondern eine methodologische Bedeutung. – Vgl. hierzu auch die aufschlussreiche Bemerkung von Theodor W. Adorno über die Bedeutung der Ideosynkrasie für den Forschungsprozess (Adorno/von Haselberg 1965: 494f.).

124 Dies ist vergleichbar mit der Differenz zwischen Sinn und Bedeutung (Frege 1892); allerdings fasst Frege Bedeutung reduziert als Referenz. Demgegenüber ist objektive Bedeutung, hier die der Atmosphäre, generell als regelkonstituiert zu begreifen.

125 Ähnlich müsste Gerald Suttles von einer Wirklichkeit der Stadt ausgehen, an denen die kulturellen Typisierungen, die er behandelt, sich bewähren; wenn er etwa sagt: »What survives is a residue of *defended* typifications which defy easy admission of change« (Suttles 1984: 302; Kursiv. hinzugefügt), so unterstellt dies ja einen Grund, der die Verteidigbarkeit der Typisierungen überhaupt konstituiert.

126 Für ein Beispiel vgl. u., S. 77.

Statistische Daten

Die Binnendifferenzierung der Stadt etwa, sei es räumlich, sei es sozial (was selten unabhängig voneinander ist), ist ebenfalls eine, statistisch zu erfassende, Objektivation der eigenlogischen Struktur einer Stadt: »Als industrielles oder Handelszentrum oder als Mittelpunkt der politischen Leitung, der wissenschaftlichen oder künstlerischen Bestrebungen zeitigt sie [sc.: die Stadt] jene Spaltung in Schichten, die so bedeutungsvoll das Lebensschicksal der unteren, mehr mechanisch-körperlich arbeitenden von den oberen, mehr leitend-intellektuell tätigen Schichten trennt, eine Spaltung, die, wenn auch auf dem Lande vorhanden, dort doch weitaus verschwommener ist, und wo die Gegensätze daher sich weniger schroff in ihren Folgeerscheinungen äußern.« (Thurnwald 1904: 881) – Was schon Thurnwald hier der Stadt im Allgemeinen zuschreibt, bildet in jeder besonderen Stadt eine spezifische Form aus, die deren eigenlogische Struktur zeigt. Insofern kann ein statistisches Abbild der sozialen Segregation – möglicherweise in Kombination mit einer kartographischen Dokumentation der räumlichen Verteilung – eine aufschlussreiche Objektivation der Stadt darstellen; dies zu kombinieren mit der Erhebung von Daten zur Praxis des Umgangs mit solcher Segregation verspräche dann Aufschluss über die Segregations- bzw. Integrationslogik als Moment der eigenlogischen Struktur der Stadt. – Ebenso sind etwa die statistischen Aussagen über den Autobesitz in Darmstadt, die Volker Blees mitteilt (2010: 151), aufschlussreich, wenn sie zum einen als Ausdruck entsprechenden Handelns interpretiert und zum anderen mit weiteren Daten – etwa der Videoaufzeichnung von Autonutzung, Interviews dazu – kombiniert werden.

Eigenlogische Struktur und ihre Fortschreibung

Wenn wir die eigenlogische Struktur einer Stadt synchron rekonstruieren und sie in ihrer konreten Motivierung auf die »formative Periode« (Berking/Schwenk 2011: 256) zurückführen konnten, bleibt immer die Frage, wie sich die so bestimmbare und bestimmte Einflussstruktur denn reproduzierte und reproduziert. »Wir dürfen nun begründet annehmen, daß sich auf dem Wege ihrer Realisierungen in den Strukturen des angeeigneten physischen Raumes die unausgesprochenen Imperative der sozialen Ordnung und die verschwiegenen Ordnungsrufe der objektiven Hierarchie in Präferenzsysteme und mentale Strukturen umwandeln.« (Bourdieu 1991: 27)[127] – Diese ein wenig mystifizierende Beschreibung Bourdieus muss konzeptuell präzisiert und entzaubert werden. Dann zeigt sich, dass Städte durch ihre räumliche Gestalt etwa bestimmte Handlungsoptionen ermöglichen, bestimmte nahelegen und andere ausschließen und dadurch die Sozialisationsspielräume mitbestimmen, die zur Ausbildung von Habitus und Deutungsmustern führen, und die Handlungs- und Deutungsspielräume setzen, die zu bestimmten Habitus und Deutunsgmustern affin sind. Wer Orte wie etwa die Skulptur »Cloud Gate« von Anish Kapoor auf dem AT&T-Platz im Millennium Park von Chicago oder die Skulptur »Thousand Faces of Chicago« unterhalb der ersteren, die beide eine aktive Bezugnahme nicht nur ermöglichen, sondern nahelegen, und den spezifischen städtischen Umgang damit im Aufwachsen erlebt, wird eher ein Muster der Nutzung öffentlicher Räume, auch seiner leiblichen Positionierung darin (vgl. o., Fn. 24) entwickeln, das ihn deren Möglichkeiten erforschen lässt, als derjenige, der in einer Stadt aufwächst, die von starren, nur im Rahmen festgefügter, ritualförmiger Veranstaltungen relevant werdender Denkmälern oder gar dem Fehlen öffentlich genutzter Räume geprägt ist.[128]

127 Bourdieu begreift Räume vor allem, wenn nicht ausschließlich von ihrem einschränkenden Charakter her – so redet er etwa auch davon, dass ›architektonische Räume stumme Gebote unmittelbar an den Körper richten‹ (Bourdieu 1991: 28). Wie aber das Konzept der Einflussstruktur zeigt, müssen auch deren Objektivationen, z. B. eben Räume, immer zugleich als Optionen eröffnend und verschließend begriffen werden. Vgl. auch: »Certaines structures, à vivre longtemps, deviennent des éléments stables d'une infinité de générations: [...] toutes sont *à la fois soutiens et obstacles.* « (Braudel 1958: 731; Kursiv. hinzugefügt)

128 Vgl. Ray Oldenburg über »public gathering places« als »fundamental institutions of mediation between the individual and the larger society.« (1991: xv) »Where urban growth proceeds with no indigenous version of a public gathering place proliferated along the way and integral in the lives of the people, the promise of the city is denied. Without such places, the urban area fails to nourish the kinds of relationships and the diversity of human contact that are the essence of the city. Deprived of these settings, people remain lonely within their crowds.« (ebd.)

Ähnlich dürfte die Sozialisiation des politischen Nachwuchses in die politische Kultur, des Nachwuchses im Handwerk in die spezifische A-städtische Handwerkskultur und ähnliche Sozialisation in Berufskulturen, in Freizeitkulturen – etwa Sportvereine – etc. zur Reproduktion beitragen; wie, wäre empirisch zu untersuchen.

Eine Frage, die sich bzgl. der genannten räumlichen Optionen ergibt, ist, ob sie etwa graduell typisiert werden können in der Dimension der Vergesellschaftung. Mit Bezug auf das Theorem der Blasiertheit, das Louis Wirth von Georg Simmel übernommen hat: »the blasé outlook which urbanites manifest in their relationships may thus be regarded as devices for immunizing themselves against the personal claims and expectations of others« (Wirth 1938: 12; vgl. Simmel 1903: 193; 1903/1995: 121), könnte man einerseits zwischen verschiedener Dringlichkeit des Handlungsproblems unterscheiden, vor das die ›urbanites‹ gestellt sind: (A) Die Vergesellschaftung drückt sich in der Gestalt der Stadt als selbstverständlich aus[129] und die Stadt bietet zugleich »signifikante Orte«[130] der Vergemeinschaftung;[131] (B) die Vergesellschaftungsbeziehungen dominieren, werden aber nicht als selbstverständlich gestützt; (C) die Stadt erweist sich als anonymer Raum, in dem überwiegend nur abstrakte Vergesellschaftungsbeziehungen möglich sind.[132] Andererseits ist je nach ihrem – nicht stadtgebundenen – Habitus zu unterscheiden zwischen (a) ›urbanites‹, die eine Immunisierung durch Blasiertheit nicht nötig haben, da ihnen

129 Dies zeigt sich etwa an einem hohen Maß an »civil inattention« (vgl. Goffman 1972, passim).

130 »Wir können unterscheiden zwischen Wohnort, Wochenendort, Arbeitsort, Ferienort, Festort, Kinderort, Verwandtschaftsort, Freundesort. Es gibt keinen ›natürlichen‹ Ort, wohl aber *signifikante Orte*, so wie Mead von einem »signifikanten Andern« spricht. Dies kann der Kindheitsort sein, der mit Ersterfahrungen durchtränkt ist, aber auch ein späterer ›Stiftungsort‹, so etwa der Studienort, aus dessen Vorratsschätzen wir weiterhin schöpfen.« (Waldenfels 1985/1998: 209; vgl. Berking 2008: 25)

131 Ein Beispiel hierfür wäre eine typische Bürgerstadt wie etwa Frankfurt am Main, wo die Selbstverständlichkeit des distanzierten Umgangs mit einer gemeinsamen Verankerung in der politischen Gemeinschaft einhergeht.

132 Die Beschreibung Coventrys durch Martyn Lee deutet so einen Typus an: »Coventry exists [...] as a staging post in people's life-cycles or careers.« (Lee 1997: 139)

habituell andere Lösungen zur Verfügung stehen, sie etwa, selbst wenn sie mit einer Stadt vom Typus C konfrontiert wären, in Vergesellschaftungsbeziehungen autonom agieren können und einen starken, unabhängigen Ort der Vergemeinschaftung haben;[133] (b) ›urbanites‹, die auf eine Überforderung durch die Stadt mit Immunisierung reagieren; und schließlich (c) ›urbanites‹, die temporär – oder, wenn sie in eine Stadt vom Typus C geraten, dauerhaft – vereinsamen, weil sie die Stadt als Reduktion auf Vergesellschaftung erfahren und Orte der Vergmeinschaftung nicht finden. – Es wäre also zur Untersuchung der Reproduktion der eigenlogischen Struktur einer Stadt auszubuchstabieren, wie die Sozialisationsbedingungen aus Familie, Milieu und eben Stadt ineinandergreifen, wo sie sich gegenseitig verstärken, wo sie gegenläufig sind und wie sie dann wirken.

Eine weitere Frage, die sich hier auftut, ist der Stand und der Ort der Vergemeinschaftung der Einwohner einer Stadt als Bürger. Die Beachtung von Verkehrszeichen etwa oder der Umgang mit öffentlichen Verabredungen[134] sowie weitere Normen der öffentlichen Kommunikation und Interaktion bedürfen der Verankerung in einer bürgerschaftlichen Vergemeinschaftung; ihre Spezifik ist als Objektivation der eigenlogischen Struktur der Stadt zu untersuchen. Ohne solches Hinterfangen in einer Vergemeinschaftung der Bürger,[135] ist Masse die Antwort auf das Integrationsproblem: »Individuals who

133 Hier wäre etwa an die Jesuiten in den amorphen, anonymen Goldgräberstädten Brasiliens zu denken. – Vgl. die Bemerkung von Tiziano Terzani über die Jesuiten: »Li ho sempre cercati per capire il paese in cui mi trovavo, perché loro sono le spie nell'anima di una cultura. Lavorano e grattano e sono dentro e sanno e imparano le lingue meglio di tutti gli altri. Quelli sono personaggi, accidenti!« (2006/2010: 315)

134 »The clock and the traffic signal are symbolic of the basis of our social order in the urban world.« (Wirth 1938: 16)

135 Diese Vergemeinschaftung drückt sich einerseits in dem Aspekt aus, den Wirth als System fasst: »Urbanism as a characteristic mode of life may be approached empirically [...] (2) as a system of social organization involving a characteristic social structure, a series of social institutions, and a typical pattern of social relationships« (1938: 18f.), und andererseits eben in den Normen der öffentlichen Kommunikation und Interaktion, zu denen spezifische Sanktionen gehören (vgl. Loer 2008: 170-174): »(3) as a set of attitudes and ideas, and a constellation of personalities engaging in typical forms of collective behavior and subject to characteristic mechanisms of social control.« (a.a.O.: 19)

are thus detached from the organized bodies which integrate society comprise the fluid masses that make collective behavior in the urban community so unpredictable and hence so problematical.« (Wirth 1938: 17)

Kontrastive Fallauswahl

Eingedenk der methodologischen Ausführungen zum Vergleich (s. o., S. 57-61) ist nun zu fragen, welche Ausprägungen der Praxis wie ausgewählt werden sollten, um der Rekonstruktion der eigenlogischen Struktur einer Stadt näherzukommen. Denn ohne Frage ist in heuristischem und auch in forschungsökonomischem Sinne ein Vergleich verschiedener Städte – und Beibehaltung der zu untersuchenden Ausprägung der Praxis – ebenso sinnvoll wie ein Vergleich unterschiedlicher Ausprägungen von Praxis, unterschiedlicher sozialer Milieus, unterschiedlicher Medien o. ä. in ein und derselben Stadt.

Dabei sind heuristisch insbesondere bei einem minimal-kontrastiven inter-städtischen Vergleich fruchtbare Ergebnisse zu erwarten: etwa wenn man zwei ähnliche Städte (Rostock/Bremerhaven – vgl. Berking et al. 2008, Berking/Schwenk 2011)[136] miteinander vergleicht und dennoch Unterschiede feststellt. Für den intra-städtischen Vergleich bietet sich umgekehrt der maximal-kontrastive Vergleich an, für den insbesondere die bereits erwähnte Dimension der Sichtbarkeit in der Stadt bedeutsam sein dürfte.

Auswertung

Zur konkreten Auswertung der verschiedenen Datentypen können hier keine detaillierten Ausführungen gemacht werden; dies muss ausgehend von konkretem Material geschehen. Gleichwohl ist vor dem Hintergrund der konstitutionstheoretischen und methodologischen Überlegungen davon auszugehen, dass Methoden, die in der Lage sind, in Entscheidungen deutlich werdende Muster und die in

136 Allerdings lässt sich hier fragen, ob nicht Bremerhaven und Warnemünde die eigentlichen Vergleichsobjekte hätten sein müssen oder die Einheiten Bremen/Bremerhaven und Rostock mit Warnemünde.

ihnen wirkenden, sie strukturierenden Prinzipien zu rekonstruieren hier opportun sind. Dabei ist vor allem stets der Raum von Handlungsoptionen mit der tatsächlichen Selektivität der als Fall von A-städtischem Handeln untersuchten Praxis zu konfrontieren, um so die Logik dieser Selektivität, in die die Eigenlogik der Stadt eingeht, bestimmen zu können.

Bei der Analyse von Räumen und ihrer Atmosphäre rückte dann das, was für die im Raum Handelnden Eröffnungsparameter ist, in die Position des Auswahlparameters und müsste konfrontiert werden mit alternativen Möglichkeiten der Raumgestaltung.

Eine besondere Problematik ergibt sich bei der Analyse von Spuren, in denen sich nicht lediglich A-städtisches Handeln objektiviert, sondern in denen die Stadt selbst thematisch ist. Dies ist etwa in einem Darmstädter Projekt zum Stadtmarketing der Fall. Hier und in vergleichbaren Fällen wäre es besonders wichtig, sorgfältig zu bestimmen, ob und inwiefern die untersuchte Praxis A-städtisches Handeln darstellt (wenn ein Journalist aus B-Stadt eine Städtereportage über A-Stadt schreibt, ist dies klarerweise nicht der Fall; wenn ein Journalist aus A-Stadt eine Reportage über seine eigene Stadt schreibt, ist dies durchaus der Fall; wenn eine Marketing-Agentur aus B-Stadt eine Kampagne für A-Stadt entwirft, ist dies wiederum nicht der Fall) und welches genau die pragmatische Rahmung ist (schreibt der Journalist aus A-Stadt für eine eher regionale, a-städtische Zeitung oder für eine überregionale oder gar international wahrgenommene Zeitung;[137] wenn eine Marketing-Agentur aus B-Stadt eine Kampagne für A-Stadt entwirft, gehört die Adressierung von A-Stadt zur pragmatischen Rahmung). Dabei spielen Bezugnahmen auf frühere Repräsentationen der Stadt – Imaginäres (s.o., S. 74 f.), kumulative Textur (Suttles 1984) – eine Rolle, die auch zu spezifizieren ist: Es bedarf eines Abgleichs der früheren Repräsentation mit dem in ihr Repräsentierten – »City of the Big Shoulders« (Sandburg 1916/1994: 1 f.) und das zeitgenössische reale Chicago der Schlachthöfe und des Eisenbahnknotens für die Versorgung Amerikas – und der Bezugnahme auf die frühere Repräsentation in einer aktuellen neuen Repräsentation mit dem aktuellen Repräsen-

137 Für Frankfurt am Main war dies bis vor kurzem in der ›Frankfurter Neuen Presse‹, der ›Frankfurter Rundschau‹ und der ›Franfurter Allgemeinen Zeitung‹ realisiert.

tierten – heutige Erzählungen über das große Feuer von Chicago im Jahre 1871 als Vergegenwärtigung des damaligen Geistes, der für heute wiederbeschworen wird.[138]

Eine besondere Herausforderung, die aber zumindest exemplarisch bewältigt werden muss, besteht darin, die rekonstruierte Gestalt der eigenlogischen Struktur auf die »formative Periode« (Berking/Schwenk 2011: 256) der Stadt zurückzuführen. Eine Zusammenarbeit mit Historikern ist hier besonders angeraten; die Analysen der gegenwärtigen Gestalt der eigenlogischen Struktur der Stadt können aber auch umgekehrt dem Historiker ein Brennglas an die Hand geben, das ihm bei der Erforschung der Vergangenheit und des Ursprungs der jeweiligen Stadt den Blick auf Bereiche eröffnet, die bis dahin möglicherweise übersehen wurden.

138 »The story of the Great Chicago Fire of 1871 isn't really about the fire. It's about what happened next: A remarkable moment when the most brilliant engineers, architects and inventors came together to build a new city. Their innovations – born of passion and practical ingenuity – shaped not just Chicago, but the modern world. What started 140 years ago continues to this day. Chicago's brightest digital designers, engineers and entrepreneurs are shaping new technologies, disrupting old business models, and resetting the boundaries of what's possible. If that sounds like you, join us. Come to a place where you can share ideas, make mistakes, work hard, build your business and, with a little luck, change the world.« (http://www.1871.com; zuletzt angesehen am 7. Juli 2012)

Schlussbemerkung

> »Sich in einer Stadt zurechtfinden heißt nicht viel. In einer Stadt sich aber zu verirren, wie man in einem Walde sich verirrt, braucht Schulung. Da müssen Straßennamen zu dem Irrenden so sprechen wie das Knacken trockner Reiser und kleine Straßen im Stadtinnern ihm die Tageszeiten so deutlich wie eine Bergmulde widerspiegeln.« (Benjamin 1980: 237)

Man findet sich leicht zurecht in dem, worin Städte sich gleichen: ihren Funktionen. Nicht die Orientierung aber in den und an den Funktionen einer Stadt ist es, was an einer und in einer Stadt uns anspricht. Vielmehr ist es das, was wir uns erst erschließen müssen. So lernen wir auch Personen kennen: nicht indem wir sie lediglich in ihrer Funktion wahrnehmen, sondern indem wir sie uns aus ihren Gesichtszügen, aus ihren Bewegungen, aus ihrem Sprechen erschließen; und generell für das Kennenlernen von individuellen Gestalten, etwa von Gedichten, muss das zu schnelle Verstehen der Botschaft zurücktreten (vgl. Andresen 1992/1999), müssen wir uns erst verirren, wie in einem unbekannten Gelände, um auf die unerwarteten Bedeutungen, in denen die Eigenheit der Gestalt sich uns mitteilt, aufmerksam zu werden.

Methodische Erkenntnis kann allerdings weder bei dieser aus der Kunstlehre ableitbaren Forderung, den »Abhub der Erscheinungswelt« (Freud 1917/1973: 20)[139] in den Blick zu nehmen, noch bei der

139 »Es ist wahr, die Psychoanalyse kann nicht von sich rühmen, dass sie sich nie mit Kleinigkeiten abgegeben hat. Im Gegenteil, ihren Beobachtungsstoff bilden gewöhnlich jene unscheinbaren Vorkommnisse, die von den anderen Wissenschaften als allzu geringfügig bei Seite geworfen werden, sozusagen der Abhub der Erscheinungswelt. [...] Gibt es nicht sehr bedeutungsvolle Dinge, die sich unter gewissen Bedingungen und zu gewissen Zeiten nur durch ganz schwache Anzeichen verraten können? [...] Aus welchen geringfügigen Anzeichen schließen Sie, die jungen Männer unter Ihnen, dass Sie die Neigung einer Dame gewonnen haben? Warten Sie dafür eine ausdrückliche Liebeserklärung, eine stürmische Umarmung ab, oder reicht Ihnen nicht ein von anderen kaum bemerkter Blick, eine flüchtige Bewegung, eine Verlängerung des Händedrucks um eine Sekunde aus? Und wenn Sie als Kriminalbeamter an der Untersuchung einer Mordtat beteiligt sind, erwarten

blitzartigen Erkenntnis, die aus dieser Fokussierung sich ergeben kann, stehen bleiben; sie muss den ›langnachrollenden Donner‹[140] entfalten und in der Erkenntnis deren Gegenstand auf den Begriff bringen. Wenn anders wir nun von Städten als individuellen Gestalten ausgehen können – und dass es gute Gründe gibt, dies zu tun, zeigte unsere konstitutionstheoretische Bestimmung des Gegenstands ›Stadt‹ –, dann müssen wir also zu ihrer Erforschung eine Methode wählen, die uns in die Lage versetzt, das Individuelle an ihrer Gestalt auf den Begriff zu bringen, ohne es schlicht unter die gängigen Kategorien der Forschung über Gesellschaft zu subsumieren. Eine solche Methode muss, dies wurde hier begründet und dargelegt, rekonstruktiv die spezifische Selektivität, die von der jeweiligen Stadt ausgeht und in der sie sich ausdrückt, bestimmen und so eben die eigenlogische Struktur, die diese Selektivität generiert, konzeptuell fassbar machen.

Dies exemplarisch in vielen Fällen zu tun, ist ein Weg, den die Stadtforschung gerade zu beschreiten beginnt. Wie sie dabei nicht in der interessanten, wenn sie prägnant ist, auch sehr erhellenden Beschreibung einzelner Städte in ihrer Vielfalt und Einheit, von der auszugehen durchaus fruchtbar sein kann,[141] stehen bleibt, sondern methodisch begründet begriffliche Erkenntnis hervorbringen kann, wurde hier aufgewiesen.

Sie dann wirklich zu finden, daß der Mörder seine Photographie samt beigefügter Adresse an dem Tatorte zurückgelassen hat, oder werden Sie sich nicht notwendigerweise mit schwächeren und undeutlicheren Spuren der gesuchten Persönlichkeit begnügen? Lassen Sie uns also die kleinen Anzeichen nicht unterschätzen; vielleicht gelingt es, von ihnen aus Größerem auf die Spur zu kommen.« (Freud 1917/1973: 19 f.)

140 »In den Gebieten, mit denen wir es zu tun haben, gibt es Erkenntnis nur blitzhaft. Der Text ist der langnachrollende Donner.« (Benjamin 1983: 570)

141 Vgl. etwa die Arbeiten von Karl Schlögel zu Moskau (1984/2000 u. 2008), Petersburg (1988) und Königsberg (2005), die in ihrer verdichtenden Beschreibung die Städte als lebendige Gestalten vor Augen führen und auch gelegentlich erahnen lassen, worin ihre Besonderheit sich gründet.

Anhang[142]

Bereich – Praxisfelder – Datentypen/Erhebungstechnik – Eröffnungsparameter

Dim.[143]	Bereich	Praxisfelder	Datentypen / Erhebungstechnik	Eröffnungs-parameter[144]
1	Wasserversorgung	Entscheidungsprozesse	Dokumente / Archiv	Geographische Lage, Bedarf, Technologie
1	Wasserversorgung	Wasserwege, -leitungen	Karten / Archiv	Geographische Lage, Bedarf, Technologie
1	Versorgung mit Konsumgütern	Verteilung und Nutzung von Möglichkeiten der Versorgung	Karten, Beschreibungen, Kundendaten / Archive, erheben	Geographische Lage, Bedarf, Technologie
1	Beleuchtung	Straßenbeleuchtung	Karten, Dokumente / Archiv	Bedarf, Technologie
1, 2	ÖPNV / Autonutzung[145]	Entscheidungsprozesse	Dokumente / Archiv	Geographische Lage, Bedarf, Technologie
1, 2	ÖPNV / Autonutzung	Verkehrswege	Karten, Video / Verkehrsbetriebe	Geographische Lage, Bedarf, Technologie
1, 2	ÖPNV / Autonutzung	Handeln des gewöhnlichen Personals	Video, Interview / erheben	Beruf, Berufskultur
2	Mobilität innerhalb der Stadt[146]	Umzüge, Einkaufen	Einwohnermeldedaten, Interviews, Kundendaten / Archiv, erheben	Ökonomische Einbettung

142 Unsystematische, unvollständige Sammlung möglicher Untersuchungsfelder und ihrer Korrolarien.

143 Dimensionen: 1 = Infrastuktur, 2 = Mobilitätskultur, 3 = Politik, 4 = Innovationskultur, 5 = Zusammenleben, 6 = Räumliches, 7 = Selbstbild, 8 = Wirtschaft.

144 Unvollständig.

145 Vgl. Blees 2010.

146 Vgl. Pfeil 1972: 232-237.

Dim.	Bereich	Praxisfelder	Datentypen / Erhebungstechnik	Eröffnungs-parameter
2	Mobilität zwischen Stadt und ihrem Außen	Zu- und Wegzüge	Einwohnermelde-daten, Interviews / Archiv, erheben	Ökonomische Einbettung, rechtliche Einbettung
3	Finanzen	Entscheidungs-prozesse	Budgetpläne, Dokumente / Archiv	Kommunalverfas-sung, Steuerrecht, ökonom. Bedingungen
3, 5	Politische Kultur	Interaktionsfor-men (innerhalb der Politik, z. B. kommunaler Wahlkampf; Politik/Öffentlichkeit, z. B. Bürgerver-sammlungen)	Video, Plakate / erheben, Archiv	Logik des Parteienstreits, des politischen Wettkampfs
4	neue technische Möglichkeiten, Nutzung	Nutzungs-weisen	Statistiken / Archiv	Technologie
4	Innovations-klima	Innovative Unternehmen, Berufe	Statistiken, Interviews / Archive, erheben	Branchenstruktur
4, 5	Zeitliche Organisation der Kommuni-kation	Nutzung der Kommunika-tionsmöglich-keiten	Videos, Interviews / erheben	Technologie
5	Verkehrs-kreise[147]	Soziale Nähe und Distanz	Befragungen, Interviews / Survey, erheben	Schichteinbettung, Kommunikations-technologien
5	Stadt und ihr Außen	Zufahrtstra-ßen,[148] Bahnhöfe, Die erdabgewandte Seite der Geschichte[149]	Fotos, Videos / erheben	Geographische Einbettung, Verkehrsmittel
5	Veränderung der Wohn-bezirke	Wohnungen, Häuser	Karten[150] / Archiv	Geogr. Lage, kulturelle Einbettung

147 S. Pfeil 1955: 255-258; Bahrdt 1996b, c.

148 Vgl. Böhm 2011.

149 Born 1976.

150 Vgl. hierzu Chombart de Lauwe et al. 1952; z. B. die Karten 44 f., 50.

Dim.	Bereich	Praxisfelder	Datentypen / Erhebungstechnik	Eröffnungs-parameter
5	Verteilung der Wohnbezirke	Wohnungen, Häuser, Immobilien-praktiken[151]	Karten,[152] Anzeigen, Interviews / Archiv, erheben	Geogr. Lage, kulturelle Einbettung
5	Verhältnis von Öffentlichkeit und Privatheit	Öffentliche Plätze[153] und ihre Nutzung, Sprachgebrauch	Karten, Videoauf-zeichnungen, Fotos / Archiv, erheben	Kulturelle Tradition
5	Sport	Identifikationen mit Sportverei-nen, Agieren in Sportvereinen	Presse, Interviews, Videoaufzeich-nungen / Archiv, erheben	Sportliche Organisationen, Öffentlichkeit
5	Freizeit-angebote	Freizeit-einrichtungen	Statistiken / Archiv	Geographische Lage, technische Möglichkeiten, nicht ortsspezi-fische Angebote
5	Religiöse Gemeinschaften	Selbstbilder, Gemeinschafts-handeln	Statistiken, Karten / Archiv	Religiöse Einbettung
5	Kriminalität	Kriminalfälle	Statistiken, Karten / Archiv	Ökonomische Einbettung, kulturelle Einbettung
5	Freizeitaktivitä-ten und räumliche Verteilung	Freizeithandeln	Statistiken, Karten, Videoauf-zeichnungen / Archiv, erheben	Arbeitszeitregime, nicht ortsspezi-fische Angebote
5	Bevölkerungs-verteilung, Bevölkerungs-gruppen[154]	Praktiken der Segregation und Integration	Statistiken, Karten, Videoauf-zeichnungen, Interviews / Archiv, erheben	Lage im Territori-um, ökonomische Lage
5	Umgangs-formen	Sprachliches Handeln, Begrüßung, Anrede etc.	Videoaufzeich-nungen, Inter-views / erheben	Wirtschaftssparte, kulturelle Einbettung

151 Vgl. Strauss 1968: 516.
152 Vgl. hierzu Chombart de Lauwe et al. 1952; etwa die Karten S. 43 ff.
153 Vgl. Oldenburg 1991.
154 Besonders auch komparativ; vgl. Strauss 1968: 521.

Dim.	Bereich	Praxisfelder	Datentypen / Erhebungstechnik	Eröffnungs-parameter
5, 3	soziale Heraus-forderungen, Bewältigung	Sozialpolitik, Bewältigungs-handeln	Statistiken, Dokumente / Archiv	Rechtl. Rahmen-bedingungen
5, 4	Räumliche Verteilung der kulturellen Möglichkeiten	Kulturelle Einrichtungen	Karten / Archiv	Historische Einbettung, geogr. Lage
5, 4	Kulturelle Möglichkeiten	Kulturelle Einrichtungen	Statistiken, Programme / Archiv	Kulturelle Einbettung
5, 4	Nutzung der kulturellen Möglichkeiten	Theaterbesuche etc.	Statistiken, Videoaufzeich-nungen, Inter-views / erheben	Schichteinbettung, kulturelle Einbettung
5, 7	Städtische Öffentlichkeit	Mode, Bekleidungs-praktiken, Reinigungen[155]	Videoaufzeich-nungen, Fotos / erheben	Einbettung in Modewelten
5, 8	Fern-beziehungen[156]	Handelsbezie-hungen, Städte-partnerschaf-ten, kultureller Austausch	Chroniken, Statistiken, Prospekte / Archiv	Globale Ökono-mie, Transport-mittel, Hinterland
6	Weichbild[157]	Form der Stadt[158]	Karten, Ansichts-fotos,[159] Luft-bilder[160] / Archiv	Geogr. Lage

155 Zu Wäschereien vgl. Strauss 1968: 525.

156 Vgl.: »Wenn das Dorf in seine nächste Umgebung eingeschlossen ist, so erschließt sich die alte Stadt von Anfang an weite Räume [...] die wesentliche Auswirkung der Stadt geht nicht auf die Nähe, sondern auf die Ferne.« (König 1970a: 17)

157 Vgl.: »En premier lieu, l'espace urbain s'étend à mesure que croit la population du groupe urbain lui-même, à la fois par son développement naturel et surtout, à mesure qu'augmente la mobilité sociale, par afflux d'éléments venus du dehors. On a déjà fait voir comment ce simple fait suffit à déterminer une dissémination des métiers spécialisés à l'intérieur de la ville, en raison même de ce qu'ils sont en rapport direct avec les groupe consommateurs.« (Maunier 1968: 251) – Vgl. Research Committee on Urbanism 1937: 6f.

158 Vgl.: »Schon die alten Residenzstädte Europas vermitteln ein gutes Bild einer solchen räumlichen Gliederung der Stadt, die auch eine funktionale und eine ästhetische Ordnung ist.« (König 1970b: 97)

Dim.	Bereich	Praxisfelder	Datentypen / Erhebungstechnik	Eröffnungs-parameter
6	Wohntypen[161]	Wohnhandeln	Karten, Fotos / Archive, Erheben	Kulturelle Einbettung, Technologie
6, 4, 5	Räumliche Organisation der Kommunikation	Einrichtung und Nutzung von Möglichkeiten der Kommunikation	Karten, Luftbilder,[162] Videos / Archiv, erheben	Geogr. Lage, Technologie
6, 5	Atmosphäre	Öffentliche Plätze, »public gathering places«[163]	Karten, Fotos, Videos / erheben, Archiv	Geographische Lage
7	Selbst-darstellung	Denkmäler,[164] Chroniken, städtische Ikonen[165] (Dortmunder U, ...)	Fotos, Karte, Schriften / Erheben, Archiv	Kulturelle Einbettung

159 Vgl. Research Committee on Urbanism 1937: 6.

160 Vgl. hierzu Wienke 2001 und Chombart de Lauwe 1948a; vgl. auch: »Ces relatkion entre le milieu naturel et l'implantation humaine se précisent lorsqu'on survole des régions différentes ou que l'on compare des vue aériennes les représentant. D'une part le relief, la nature du sol, le climat, la végitation, la faune, d'autre part les marques des aménagements humains et de la structure agraire, la disposition de l'habitat sont des éléments qui, dans la visioni de l'aviateur, sont constamment entremêlés et manifestent entre eux des rapports étroits.« (Chombart de Lauwe 1948b: 210)

161 S. Pfeil 1955: 260-269; zum Wohnen generell vgl. Pfeil 1972: 205-237.

162 Vgl. Fn. 160.

163 Oldenburg 1991: xv.

164 Vgl. Vinken 2011.

165 Vgl. Strauss 1968: 519f. – S. auch: »Die kulturelle Integration der Städte strahlt auch nach außen ihre gestaltende Kraft aus, wobei zumeist irgendein Teilaspekt der Stadt als Teil für das Ganze, als Symbol ihrer sozialen, wirtschaftlichen und kulturellen Integration steht, wie etwa Notre Dame oder der Eiffelturm in Paris oder der Dom in Köln. Die anderen Betrachter erfassen dann an diesem Symbol die Stadt als eine Einheit, und zwar nicht nur als eine Einheit, die in großen Zügen

Dim.	Bereich	Praxisfelder	Datentypen / Erhebungstechnik	Eröffnungsparameter
7	Selbstverständnis	Bürger zeigen Besuchern ihre Stadt	Video / erheben	Überrregionale Besuchskultur
7, 4	Künstlerische Repräsentationen	Kunstwerke	Archiv	Kunstform (Logik des Ausdrucksmaterials), Gattungen, künstlerische Tradition
7, 6	Bauliche Gestalt	Repräsentative Bauten, Schmuddelecken; bauliche Veränderungen[166] und städtebauliche Ausschreibungen[167]	Fotos, Karten / erheben, Archiv	Bauliche Tradition, Baubestand (historische Beeinflussung), geographische Lage
8	Räumliche Verteilung der Branchen	Wirtschaftliches Handeln	Karten / Archiv	Ökonomische Einbettung
8	Branchenstruktur	Wirtschaftliches Handeln	Statistiken / Archiv	Ökonomische Einbettung
8, 3	Strukturelle Herausforderungen[168]	Strukturpolitische Entscheidungen und Debatten	Dokumente, Presseartikel, Interviews / Archiv, erheben	Globale Ökonomie, (trans-) nationale Wirtschaftspolitik
8, 5, 4	The unusual[169]	Second-hand-Läden, migrantische Unternehmen[170]	Statistiken, Interviews, Videos / Archive, erheben	Branchenstruktur

gilt, wie etwa der Name einer Stadt ein einheitliches Wort zu sein pflegt. Vielmehr ist es charakteristisch für diese Einheit, daß sie sich auch in der Gesamtstruktur der Stadt räumlich und sozial, wirtschaftlich und politisch, verkehrsmäßig und kulturell zu äußern pflegt.« (König 1970b: 105)

166 Vgl. Rodenstein 2008: 273, Wékel 2011, Below/Dopfer 2011.

167 Vgl. Rudolph-Cleff 2011.

168 Seien diese wirtschaftlicher Art (»Strukturwandel« im Ruhrgebiet) oder politischer Art (»Elitenwechsel« – vgl. Rodenstein 2008: 263 unter Verweis auf Glock 2006).

169 Strauss 1968: 523 ff.

170 Vgl. Espahangizi 2011.

Literatur

Abu-Lughod, Janet L. (1999): New York, Chicago, Los Angeles: America's Global Cities. Minneapolis, London: University of Minnesota Press.

Adorno, Theodor W. (1956/1972): Zur Metakritik der Erkenntnistheorie. Studien über Husserl und die phänomenologischen Antinomien. Frankfurt am Main: Suhrkamp Verlag.

Adorno, Theodor W. (1966/1982): Negative Dialektik. Frankfurt am Main: Suhrkamp (text- und seitenidentisch mit der in Band 6 der Gesammelten Schriften Adornos erschienenen durchgesehenen Ausgabe).

Adorno, Theodor W.; von Haselberg, Peter (1965): Über die geschichtliche Angemessenheit des Bewußtseins. In: Akzente: 487-497.

Andersen, Uwe (1997): Gemeinden/kommunale Selbstverwaltung. In: ders.; Woyke, Wichard (ed.), Handwörterbuch des politischen Systems der Bundesrepublik Deutschland, Bonn: Bundeszentrale für politische Bildung, 172-180.

Andresen, Ute (1992/1999): Versteh mich nicht so schnell. Gedichte lesen mit Kindern. München: Beltz.

Bär, Stefan (2012): Vorrang muss die interne Verständigung haben. Markenbildung im Krankenhaus. In: Dtsch Ärztebl 5: A 194, 196f., A4.

Bahrdt, Hans Paul (1996a): Himmlische Planungsfehler. Essays zu Kultur und Gesellschaft.Hg. v. Herlyn, Ulfert. München: C. H. Beck.

Bahrdt, Hans Paul (1996b): Soziologische Überlegungen zum Begriff der «Distanz». In: Bahrdt 1996a, 179-194.

Bahrdt, Hans Paul (1996c): Öffentlichkeit und Privatheit. Überlegungen zu ihrer Kommunikations- und Interaktionsstruktur. In: Bahrdt 1996a, 195-216.

Barbehön, Marlon; Münch, Sybille (2013): Vom Problem zur Problematisierung: Zur Kontextgebundenheit politischer Narrative. In: Gadinger, Frank; Jarzebski, Sebastian; Yildiz, Taylan (ed.), Politische Narrative, Wiesbaden: Springer VS (im Erscheinen).

Baur, Nina; Löw, Martina (o. J. [2010]): DFG-Projektantrag (Antrag BA 3488/4-1) [Lokale Konventionen des Friseurwesens: Städtische Eigenlogik in Wirtschaftspraktiken]. Darmstadt (Tpskr., 38 S.).

Baur, Nina; Löw, Martina; Hering, Linda; Quermann, Anna Laura; Stoll, Florian (2013): Die Rationalität lokaler Konventionen: Zur Eigenlogik städtischer Wirtschaftspraktiken im Friseurwesen. In: Bögenhold, Dieter (ed.), Soziologie des Wirtschaftlichen: Alte und neue Fragen (Sonderheft der Österreichischen Zeitschrift für Soziologie (im Erscheinen).

Below, Nicola; Dopfer, Jaqui (2011): Stadttypische Formen der Bürgerbeteiligung: Eine Annäherung an Frankfurt und München. In: Löw/Terizakis 2011, 225-235.

Benjamin, Walter (1980): Berliner Kindheit um Neunzehnhundert. In: ders., Gesammelte Schriften IV.1, Frankfurt am Main: Suhrkamp, 235-304 [Gesammelte Schriften. Werkausgabe, Bd. 10].

Benjamin, Walter (1983): Das Passagen-Werk. Erster Band. Frankfurt am Main: Suhrkamp.

Berking, Helmuth (2008): »Städte lassen sich an ihrem Gang erkennen wie Menschen« – Skizzen zur Erforschung der Stadt und der Städte. In: ders./Löw 2008, 15-31.

Berking, Helmuth (o. J. [2011]): Basisannahmen zum Konzept der Eigenlogik. o. O. (Tpskr., 5 S.; Zusendung am 9.12.2011).

Berking, Helmuth; Frank, Sybille (o. J. [2010]): DFG-Projektantrag [Die Inszenierung des Ganzen: Stadtmarketing und die Eigenlogik der Städte]. Darmstadt (Typskr., 33 S.).

Berking, Helmuth; Friedel, Sebastian; Schwenk, Jochen; Steffens, Antje; Stein, Christina (2008): Hafenstädte: Skizzen zur Eigenlogik von Rostock und Bremerhaven. Vergleichende Beschreibung der lokalspezifischen Besonderheiten von Bremerhaven und Rostock. In: thema forschung 2: 6-10.

Berking, Helmuth; Löw, Martina (ed.) (2008): Die Eigenlogik der Städte. Neue Wege für die Stadtforschung. Frankfurt am Main, New York: Campus Verlag.

Berking, Helmuth; Schwenk, Jochen (2011): Hafenstädte. Bremerhaven und Rostock im Wandel. Frankfurt am Main, New York: Campus Verlag.

Bilalić, Merim; McLeod, Peter; Gobet, Fernand (2010): The Mechanism of the Einstellung (Set) Effect. A Pervasive Source of Cognitive Bias. In: Current Directions in Pxychological Science 2: 111-115.

Blees, Volker (2010): Verkehr in Darmstadt. In: Löw/Noller/Süß 2010, 140-156.

Bockrath, Franz (2008): Städtischer Habitus – Habitus der Stadt. In: Berking/Löw 2008, 55-82.

Böhm, Diana (2011): Stadtrandzonen. In: Löw/Terizakis 2011, 153-162.

Böhme, Gernot (1995): Atmosphäre als Grundbegriff einer neuen Ästhetik. In: ders., Atmosphäre. Essays zu einer neuen Ästhetik, Frankfurt am Main: Suhrkamp, 21-48.

Böhme, Gernot (2012): Atmosphäre. In: Günzel, Stephan (ed.), Lexikon der Raumphilosophie, Darmstadt: Wissenschaftliche Buchgesellschaft, 33 f.

Born, Nicolas (1976): Die erdabgewandte Seite der Geschichte. Reinbek bei Hamburg: Rowohlt.

Bourdieu, Pierre (1967): Postface. In: Panofsky, Erwin, Architecture gothique et pensée scolastique. Précédé de L'Abbé Suger de Saint-Denis, Paris: Les Édition de Minuit, 133-167.

Bourdieu, Pierre (1979): La distinction. Critique sociale du jugement. Paris: Éditions de minuit.

Bourdieu, Pierre (1991): Physischer, sozialer und angeeigneter physischer Raum. In: Wentz, Martin (ed.), Stadt-Räume, Frankfurt am Main, New York: Campus Verlag, 25-35 [Die Zukunft des Städtischen, Bd. 2].

Braudel, Fernand (1958): La longue durée. In: Annales Économies Sociétés Civilisations: 725-753.

Bücher, Karl (1903): Die Großstädte in Gegenwart und Vergangenheit. In: Petermann, Theodor (ed.), Die Großstadt. Vorträge und Aufsätze zur Städteausstellung von K. Bücher, F. Ratzel, G. v. Mayr, H. Baentig, G. Simmel, Th. Petermann u. D. Schäfer. Gehe-Stiftung zu Dresden Winter 1902–1903, Dresden: Jahn & Jaensch, 1-32.

Bücher, Karl (1919): Die inneren Wanderungen und das Städtewesen in ihrer entwicklungsgeschichtelichen Bedeutung. In: ders., Die Entstehung der Volkswirtschaft. Vorträge und Aufsätze. Erste Sammlung, Tübingen: Verlag der H. Laupp'schen Buchhandlung, 427-464.

Cadoux, Gaston (1908): La Vie Des Grandes Capitales: Études Comparatives Sur Londres–Paris–Berlin. Paris: Berger Levrault.

Chombart de Lauwe, Paul (ed.) (1948a): La découverte aérienne du monde. Paris: Horizon de France (Publiée sou la direction de Paul Chombart de Lauwe. Préface de E. de Martonne. Textes par: Paul Chombart de Lauwe, Pierre Crochet-Damais, Pierre Marthelot, Marcel Griaule, Michel Parent, Charles Moraze et le capitaine Schlienger avec trois cents photographies par avion).

Chombart de Lauwe, P. (1948b): L'évolution des rapports entre l'homme et le milieu. In: ders. (1948a), 209-244.

Chombart de Lauwe, P.-H.; Antoine, Serge; Couvreur, Louis; Gauthier, J. (1952): Paris et l'agglomération parisienne. Tome premier: L'espace social dans une grande cité. Paris: Presses Universitaires de France (Recherche Graphique: Jacques Bertin).

David, Paul A. (1986): Understanding the Economics of QWERTY: The Necessity of History. In: Parker, William N. (ed.), Economic History and the Modern Economist, London: Basil Blackwell, 30-49.

Droysen, Johann Gustav (1937/1960): Historik. Vorlesungen über Enzyklopädie und Methodologie der Geschichte. Hg. v. Hübner, Rudolf. München, Berlin: Oldenbourg.

Duden (4. Aufl. 2001): Duden – Deutsches Universalwörterbuch. Mannheim [CD-ROM].

Dupuis, Jacques (1987): Au nom du père. o. O.: Le Rocher.
Durkheim, Émile (1893/1932): De la division du travail social. Paris: Alcan.

Espahangizi, Raika (2011): Migrantische Unternehmen in Köln. In: Löw/ Terizakis 2011, 57-66.

Fischer, Ute Luise; Großer, Caroline; Liebermann, Sascha (2002): Die Beharrlichkeit der Deutungsmuster. Handlungsprobleme und erwerbsbezogene Deutungsmuster unter Bedingungen der Transformation in Sachsen. In: Journal für Psychologie 3: 249-278.
Frank, Sybille (2012): Eigenlogik der Städte. In: Eckardt, Frank (ed.), Handbuch Stadtsoziologie, Wiesbaden: VS Verlag, 289-309.
Frege, Friedrich Ludwig Gottlob (1892): Über Sinn und Bedeutung. In: Zeitschrift für Philosophie und philosophische Kritik: 25-50.
Freud, Sigmund (1917/1973): Vorlesungen zur Einführung in die Psychoanalyse. Frankfurt am Main: S. Fischer Verlag [Gesammelte Werke. Chronologisch geordnet, Bd. 11].

Gehlen, Arnold (1941): Der Begriff der Umwelt in der Anthropologie. In: Forschungen und Fortschritte 475: 43-46.
Gehring, Petra (2008): Was heißt Eigenlogik? Zu einem Paradigmenwechsel für die Stadtforschung. In: Berking, Helmuth; Löw, Martina (ed.), Die Eigenlogik der Städte. Neue Wege für die Stadtforschung, Frankfurt am Main, New York: Campus Verlag, 152-167.
Geiger, Theodor (1964): Vorstudien zu einer Soziologie des Rechts. Neuwied, Berlin: Luchterhand (Mit einer Enleitung und internationalen Bibliographie zur Rechtssoziologie von Paul Trappe).
Giovannini, Joseph (1983): I love New York and L. A., too. In: The New York Times Magazine: September 11, 1983, Sunday; Late City Final Edition, Section 6, Page 144, Column 5, 3052 words.
Glock, Birgit (2006): Stadtpolitik in schrumpfenden Städten. Duisburg und Leipzig im Vergleich. Wiesbaden.
Goffman, Erving (1963): Behavior in Public Places. Notes on the Social Organization of Gatherings. New York, London: The Free Press, Collier-Macmillan.
Goffman, Erving (1972): Relations in Public. Microstudies of the Public Order. New York, Evanston, San Francisco & London: Harper & Row.
Grimm, Jacob; Grimm, Wilhelm (1854/1984): Erster Band. A – Biermolke. München: Deutscher Taschenbuch Verlag (Nachdruck Leipzig: S. Hirzel 1854) [Deutsches Wörterbuch, Bd. 1].
Grimm, Jacob; Grimm, Wilhelm (1889/1984): Siebenter Band. N – Quur-

ren. München: dtv (Bearbeitet von Matthias von Lexer) [Deutsches Wörterbuch, Bd. 13].

Grimm, Jacob; Grimm, Wilhelm (1956/1991): Zwölfter Band. I. Abteilung. V – Verwunzen. München: dtv (Bearbeitung von E. Wülcker, R, Meiszner, M. Leopold, C. Weele und der Arbeitsstelle des Deutschen Wörterbuches zu Berlin. Leipzig: S. Hirzel 1956) [Deutsches Wörterbuch, Bd. 25].

Grimm, Jacob; Grimm, Wilhelm (1960/1984): Deutsches Wörterbuch. Zehnter Band. II. Abteilung I. Teil, Sprecher – Stehuhr. München: dtv (Bearbeitet von M. Heyne, Br. Crome, H. Meyer, H. Seedorf. Leipzig: S. Hirzel 1960).

Gruenter, Undine (1992/1997): Vertreibung aus dem Labyrinth. Roman. Frankfurt am Main: Fischer Taschenbuch Verlag.

Haller, R. (1971): Begriff [I. Der philosophische Gebrauch]. In: Ritter, Joachim, Historisches Wörterbuch der Philosophie. Band 1: A–C, Basel und Stuttgart, Sp. 780-785.

Haseloff, Otto Walter (ed.) (1970): Die Stadt als Lebensform. Berlin: Colloquium Verlag.

Hauriou, Maurice (1925): La théorie de l'institution et de la fondation (Essai de vitalisme social). In: Cahiers de la nouvelle journée 4: 1-45.

Held, Gerd (2005): Territorium und Großstadt. Die räumliche Differenzierung der Moderne. Wiesbaden: VS Verlag für Sozialwissenschaften.

Heinelt, Hubert (o. J. [2010]): Antrag auf Einrichtung einer DFG-Forschergruppe (FOR 1387/0) [Lokale Generierung handlungsrelevanten Wissens – am Beispiel lokaler Strategien und Maßnahmen gegen den Klimawandel]. Darmstadt (Tpskr., 69 S.).

Hohenberg, Paul M.; Lees, Lynn Hollen (1995): The Making of Urban Europe 1000–1994. Cambridge/MA & London: Harvard University Press.

Jacobs, Jane (1961): Death and Life of Great American Cities. New York: Vintage Books.

Keynes, John Maynard (1936/1973): The General Theory of Employment, Interest, and Money. London: MacMillan.

König, René (1970a): Die Stadt im Beginn der Geschichte. In: Haseloff 1970, 9-19.

König, René (1970b): Über Wirtschaftsformen und soziale Struktur der Stadt. In: Haseloff 1970, 95-105.

Kohl, J. G. (1841): Der Verkehr und die Ansiedelungen der Menschen in ihrer Abhängigkeit von der Gestaltung der Erdoberfläche. Dresden, Leipzig: Arnoldische Buchhandlung.

Kytzler, Bernhard; Redemund, Lutz; Eberl, Nikolaus (2002): Unser tägliches Griechisch. Lexikon des griechischen Spracherbes. Darmstadt: WBG (unter Mitarbeit von Elke Steinmeyer).

Lee, Martyn (1997): Relocating Location: Cultural Geography, the Specificity of Place and the City Habitus. In: McGuigan, Jim (ed.), Cultural Methodologies, London, Thousand Oaks, New Delhi, 126-141.
Lefèvre, André (1908): Préface. In: Cadoux 1908: V-XIII.
Lepsius, M. Rainer (1990): Interessen, Ideen und Institutionen. Opladen: Westdeutscher Verlag.
Lindner, Rolf (1998): Stadtkultur. In: Häußermann, Hartmut (ed.), Großstadt. Soziologische Stichworte, Opladen: Leske + Budrich, 256-262.
Lindner, Rolf (2006): The Gestalt of the Urban Imaginary. In: Weiss-Sussex, Godela; Bianchini, Franco (ed.), Urban Mindscapes of Europe, Amsterdam, New York: Editions Rodopi B.V., 35-42.
Litschke, Inge (1994): Im Schatten der Fördertürme. Kindheit und Jugend im Revier. Die Bergarbeiterkolonie Lohberg 1900 bis 1980. Duisburg: Mercator.
Loer, Thomas (2000): Die Reproduktion und Variation von Strukturmomenten regionaler Identität in individuellen Biographien. Arbeitsorientierungen im Ruhrgebiet und in Sachsen. (unveröff. Vortrag bei der Ad-hoc-Gruppe »Generalisierung« der AG Methoden der qualitativen Sozialforschung auf dem 30. Deutschen Soziologentag in Köln am 28. September 2000).
Loer, Thomas (2006a): Wandel ohne Transformation? Präliminarien zu einer Studie über Reproduktion und Transformation soziokultureller Einflussstrukturen in Zeiten des gesellschaftlichen Wandels am Fall Lettlands. In: Karl-Siegbert Rehberg (ed): Soziale Ungleichheit, kulturelle Unterschiede. Verhandlungen des 32. Kongresses der Deutschen Gesellschaft für Soziologie in Müchen 2004. Teilband 2. Frankfurt am Main, New York: 1042-1057.
Loer, Thomas (2006b): Überlegungen zur kultursoziologischen Fundierung von Transformationsforschung am Fall Lettlands. In: Mai-Brith Schartau (ed): After EU Enlargement – Changes and Challenges in the Baltic Sea Region. Huddinge: 176-196.
Loer, Thomas (2006c): Streit statt Haft und Zwang – objektive Hermeneutik in der Diskussion. Methodologische und konstitutionstheoretische Klärungen, methodische Folgerungen und eine Marginalie zum Thomas-Theorem. In: sozialer sinn 2: 345-374.
Loer, Thomas (2007a): Die Region. Eine Begriffsbestimmung am Fall des Ruhrgebiets. Stuttgart: Lucius & Lucius (Qualitative Soziologie 9).
Loer, Thomas (2007b): Eine Region als Fall. Exhaustive Beschreibung oder Rekonstruktion einer Totalität? In: Brede, Karola; Engel, Gisela; Scholz,

Susanne; Süßmann, Johannes (ed.), Fallstudien: Theorie – Geschichte – Methode, Berlin: trafo, 141-157.

Loer, Thomas (2008): Normen und Normalität. In: Willems, Herbert (ed.), Lehr(er)buch Soziologie. Für die pädagogischen und soziologischen Studiengänge. Band 1: Grundlagen der Soziologie und Mikrosoziologie, Wiesbaden: VS Verlag für Sozialwissenschaften, 165-184.

Loer, Thomas (2010): Videoaufzeichungen in der interpretativen Sozialforschung. Anmerkungen zu Methodologie und Methode. In: sozialer sinn 2: 319-352.

Loer, Thomas (2012): Die Einheit der Kultursoziologie – Extrakt. In: Soeffner, Hans-Georg (ed.), Transnationale Vergesellschaftungen. Verhandlungen des 35. Kongresses der Deutschen Gesellschaft für Soziologie in Frankfurt am Main 2010. CD-ROM, Wiesbaden: VS Verlag für Sozialwissenschaften, 7 S.

Löw, Martina (2008a): Soziologie der Städte. Frankfurt am Main: Suhrkamp.

Löw, Martina (2008b): Eigenlogische Strukturen – Differenzen zwischen Städten als konzeptuelle Herausforderung. In: Berking, Helmuth; Löw, Martina (ed.), Die Eigenlogik der Städte. Neue Wege für die Stadtforschung, Frankfurt am Main, New York: Campus Verlag, 33-53.

Löw, Martina (2011): Städte als sich unterscheidende Erfahrungsräume. Grundlagen für eine sinnverstehende Stadtsoziologie. In: Herrmann, Heike; Keller, Carsten; Neef, Rainer; Ruhne, Renate (ed.), Die Besonderheit des Städtischen. Entwicklungslinien der Stadt(soziologie), Wiesbaden: VS Verlag, 49-67.

Löw, Martina; Noller, Peter; Süß, Sabine (ed.) (2010): Typisch Darmstadt. Eine Stadt beschreibt sich selbst. Frankfurt am Main, New York: Campus Verlag.

Löw, Martina; Terizakis, Georgios (ed.) (2011): Städte und ihre Eigenlogik. Ein Handbuch für Stadtplanung und Stadtentwicklung. Frankfurt am Main, New York: Campus Verlag.

Marent, Johannes; Richter, Ralph (2013): Jede Stadt eine eigene Welt. Perspektiven, Grundzüge und methodische Zugänge zum Konzept der ›Eigenlogik der Städte‹. In: Aderhold, Jens; Harm, Katrin (ed.), Die subjektive Seite der Stadt. Neue politische Herausforderungen und die Bedeutung von Eliten im lokalen Bereich, Wiesbaden: VS Verlag für Sozialwissenschaften, (im Erscheinen).

Maugham, William Somerset (1980): The Kite. In: ders., Sixty-Five Short Stories, London: Book Club Associates, 769-784.

Maunier, René (1968): L'Origine et la fonction économique des villes. (Étude de morphologie sociale). New York: Burt Franklin.

Mead, George Herbert (1927/1964): The Objective Reality of Perspectives.

In: ders., Selected Writings, Chicago, London: The University of Chicago Press, 306-319.

Mead, George Herbert (1930/1932): The Philosophy of the Present. In: ders., The Philosophy of the Present, Chicago, London: University of Chicago Press, 2-31.

Merton, Robert K. (1940/1968): Bureaucratic Structure and Personality. In: ders., Social Theory and Social Structure, New York, London: The Free Press/Macmillan, 249-260.

Mittelstrass, Jürgen (1971): Begriff [II. Begriff und Wort]. In: Ritter, Joachim, Historisches Wörterbuch der Philosophie. Band 1: A–C, Basel und Stuttgart, Sp. 785 ff.

Neuloh, Otto; Kurucz, Jenö (1967): Vom Kirchdorf zur Industriegemeinde. Untersuchungen über den Einfluß der Industrialisierung auf die Wertordnung der Arbeitnehmer. Köln: Grote.

Noller, Peter (2011): Stadt als Raum für Kultur. In: Löw, Martina; Terizakis, Georgios (ed.), Städte und ihre Eigenlogik. Ein Handbuch für Stadtplanung und Stadtentwicklung, Frankfurt am Main, New York: Campus Verlag, 69-72.

Oevermann, Ulrich (1981): Fallrekonstruktionen und Strukturgeneralisierung als Beitrag der objektiven Hermeneutik zur soziologisch-strukturtheoretischen Analyse. Frankfurt am Main (Tpskr., Ffm. 1981; 56 S.; http://publikationen.ub.uni-frankfurt.de/frontdoor/index/index/docId/4955; zuletzt angesehen am 13. Febr. 2012).

Oevermann, Ulrich (1993): Die objektive Hermeneutik als unverzichtbare methodologische Grundlage für die Anaylse von Subjektivität. Zugleich eine Kritik der Tiefenhermeneutik. In: Jung, Thomas; Müller-Doohm, Stefan (ed.), »Wirklichkeit« im Deutungsprozeß. Verstehen und Methoden in den Kultur- und Sozialwissenschaften, Frankfurt am Main: Suhrkamp, 106-189.

Oevermann, Ulrich (2000a): Die Methode der Fallrekonstruktion in der Grundlagenforschung sowie der klinischen und pädagogischen Praxis. In: Kraimer, Klaus (ed.), Die Fallrekonstruktion. Sinnverstehen in der sozialwissenschaftlichen Forschung, Frankfurt am Main: Suhrkamp, 58-156.

Oevermann, Ulrich (2000b): Keynote address: The difference between community and society and its consequences. In: Ross, Alistair (ed.), Developing Identities in Europe. Citizenship education and higher education. Développer les identités en Europe: Formation civique et enseignement supérieur. Sich entwickelnde Identitäten in Europa: Staatsbürgerschaftskunde und Weiterbildung, London: CiCe, 37-61.

Oldenburg, Ray (1991): The Great Good Place. Cafés, coffee shops, community centers, beauty parlors, general stores, bars hangouts and how they get you through the day. New York: Paragon House.

Park, Robert E. (1915): The City: Suggestions for the Investigation of Human Behavior in the City Environment. In: AJS: 577-612.

Park, Robert E. (1974): Die Stadt als räumliche Struktur und als sittliche Ordnung. In: Atteslander, Peter; Hamm, Bernd (ed.), Materialien zur Siedlungssoziologie, Köln: Kiepenheuer & Witsch.

Peirce, Charles Sanders (1893): Grounds of Validity of the Laws of Logic: Further Consequences of Four Incapacities. In: Ders.: Collected Papers. Volume 5: Pragmatism and Pragmaticism. Bristol 1998: 190-222 [5.318-357].

Peirce, Charles Sanders (1903/1973): Lectures on Pragmatism. Vorlesungen über Pragmatismus. Hamburg: Meiner (Mit einer Einleitung und Anmerkungen herausgegeben von Elisabeth Walther. Englisch – deutsch).

Pfeil, Elisabeth (1955): Soziologie der Großstadt. In: Gehlen, Arnold; Schelsky, Helmut (ed.), Soziologie. Ein Lehr- und Handbuch zur modernen Gesellschaftskunde, Düsseldorf, Köln: Eugen Diederichs, 238-276.

Pfeil, Elisabeth (2., neu bearb. Aufl. 1972): Großstadtforschung. Entwicklung und gegenwärtiger Stand. Hannover: Gebr. Jänecke.

Pütter, Johann Stephan (1798): Selbstbiographie zur dankbaren Jubelfeier seiner 50jährigen Professorstelle zu Göttingen. Bd. 1. Göttingen: Vandenhoeck.

Ratzel, Friedrich (Dritte unveränd. Aufl. 1922): Anthropogeographie. Zweiter Teil: Die geographische Verbreitung des Menschen. Stuttgart: Verlag von J. Engelhorns Nachf. (Mit 1 Karte und 32 Textkärtchen).

Research Committee on Urbanism (1937): Our Cities: Their Role in the National Economy. Washington: Government Printing Office.

Ritz, Joseph Maria (1955): Dorf. In: Gall, Lothar; Heydenreich, Ludwig Heinrich (ed.), Reallexikon zur deutschen Kunstgeschichte. Band IV, Stuttgart, Sp. 224.

Rodenstein, Marianne (2008): Die Eigenart der Städte – Frankfurt und Hamburg im Vergleich. In: Berking/Löw 2008, 261-311.

Rothacker, Erich (2. Aufl. 1965): Probleme der Kulturanthropologie. Bonn: H. Bouvier u. Co.

Rudolph-Cleff, Annette (2011): Wahlverwandtschaften – Städtebauliche Entscheidungen in Mannheim. In: Löw/Terizakis 2011, 141-152.

Sandburg, Carl (1916/1994): Chicago Poems. New York: Dover Publications, Inc.

Schlögel, Karl (1984/2000): Moskau lesen. Die Stadt als Buch. Berlin: Siedler.

Schlögel, Karl (1988): Jenseits des Großen Oktober. Das Laboratorium der Moderne. Petersburg 1909–1921. Berlin: Siedler.

Schlögel, Karl (2005): Königsberg – Hannah Arendts Stadt. In: Neue Sammlung 2: 205-213.

Schlögel, Karl (2008): Terror und Traum. Moskau 1937. München: Carl Hanser Verlag

Sietzen, E. [Eva Sietzen] (1998): Terminus. In: Ritter, Joachim; Gründer, Karlfried, Historisches Wörterbuch der Philosophie. Band 10: St-T, Darmstadt: Wissenschaftliche Buchgesellschaft, Sp. 1013-1020

Simmel, G. [Georg Simmel] (1903): Die Großstädte und das Geistesleben. In: Petermann, Theodor (ed.), Die Großstadt. Vorträge und Aufsätze zur Städteausstellung von K. Bücher, F. Ratzel, G. v, Mayr, H. Baentig, G. Simmel, Th. Petermann u. D. Schäfer. Gehe-Stiftung zu Dresden Winter 1902–1903, Dresden: Jahn & Jaensch, 185-206.

Simmel, Georg (1903/1995): Die Großstädte und das Geistesleben. In: ders., Aufsätze und Abhandlungen 1901 bis 1908. Band 1, Frankfurt am Main: Suhrkamp, 116-131 [Gesamtausgabe, Bd. 7].

Simmel, Georg (1911/1969): Soziologie der Geselligkeit. In: ders.; Tönnies, Ferdinand; Weber, Max; Sombart, Werner; Ploetz, Alfred; Troeltsch, Ernst; Gothein, Eberhard; Voigt, Andreas; Kantorowicz, Hermann, Verhandlungen des Ersten Deutschen Soziologentages vom 19.–22. Oktober 1910 in Frankfurt a. M., Frankfurt am Main: Verlag Sauer & Auvermann KG, 1-17.

Singer, Wolf (1988): Wie unser Gehirn sehen lernt – Angeborenes und Erworbenes. In: Max-Planck-Gesellschaft (ed.), Jahrbuch 1988, Göttingen: Vandenhoeck & Ruprecht, 58-67.

Sombart, Werner (1907): Der Begriff der Stadt und das Wesen der Städtebildung. In: Archiv für Sozialwissenschaft und Sozialpolitik: 1-9.

Sombart, Werner (1928): Der moderne Kapitalismus. Historisch-systematische Darstellung des gesamteuropäischen Wirtschaftslebens von seinen Anfängen bis zur Gegenwart. Zweiter Band: Das europäische Wirtschaftsleben im Zeitalter des Frühkapitalismus, vornehmlich im 16., 17. und 18. Jahrhundert. Erster Halbband. München, Leipzig: Duncker & Humblot (13.-15. Tausend).

Strauss, Anselm L. (1968): Strategies for discovering urban theory. In: ders. (ed.), The American City. A Sourcebook of Urban Imagery, Chicago: Aldine Publishing Company, 516-529.

Suttles, Gerald D. (1984): The Cumulative Texture of Local Urban Culture. In: AJS: 283-304.

Terzani, Tiziano (2006/2010): La fine è il mio inizio. Milano: Longanesi (a cura di Folco Terzani).

Thurnwald, Richard (1904): Stadt und Land im Lebensprozeß der Rasse. Eine orientirende Skizze. In: ARGB: 550-574; 718-735; 840-884.

Vinken, Gerhard (2011): Lokale Sinnstiftung – Die Bedeutung der Denkmale. In: Löw/Terizakis 2011, 73-82.

von Uexküll, Jakob (1928/1973): Theoretische Biologie. Frankfurt am Main: Suhrkamp (Mit einem Vorwort von Rudolf Bilz).

von Uexküll, Jakob; Kriszat, Georg (1958): Streifzüge durch die Umwelten von Tieren und Menschen. Ein Bilderbuch unsichtbarer Welten. Bedeutungslehre. Hamburg: Rowohlt (Mit einem Vorwort von Adolf Portmann).

von Wiese, Leopold (1959): Ländliche Siedlungen. In: Vierkandt, Alfred; Briefs, G.; Eulenburg, F.; Oppenheimer, Franz; Sombart, Werner; Tönnies, Ferdinand; Weber, Alfred; von Wiese, Leopold (ed.), Handwörterbuch der Soziologie, Stuttgart: Ferdinand Enke Verlag, 522-526.

Waldenfels, Bernhard (1985/1998): In den Netzen der Lebenswelt. Frankfurt am Main: Suhrkamp.

Weber, Max (1921/1985): Die nichtlegitime Herrschaft (Typologie der Städte). In: ders., Wirtschaft und Gesellschaft. Grundriß der verstehenden Soziologie, Tübingen: Mohr (Siebeck), 727-814.

Wékel, Julian (2011): Lokale Planungskulturen – Zur Eigenlogik Münchens und Frankfurts. In: Löw/Terizakis 2011, 215-224.

Werle, Raymund (2007): Pfadabhängigkeit. In: Benz, Arthur; Lütz, Susanne; Schimank, Uwe; Simonis, Georg (ed.), Handbuch Governance. Theoretische Grundlagen und empirische Anwendungsfelder, Wiesbaden: VS Verlag für Sozialwissenschaften, 119-131.

Wernet, Andreas (3. Aufl. 2009): Einführung in die Interpretationstechnik der Objektiven Hermeneutik. Wiesbaden: VS Verlag für Sozialwissenschaften.

Wertheimer, Max (1911/1925): Experimentelle Studien über das Sehen von Bewegung. In: ders. 1925, 1-105.

Wertheimer, Max (1912/1925): Über das Denken der Naturvölker. I. Zahlen und Zahlgebilde. In: ders. 1925, 106-163.

Wertheimer, Max (1920/1925): Über Schlußprozesse im produktiven Denken. In: ders. 1925, 164-184.

Wertheimer, Max (1924): Über Gestalttheorie. (Vortrag vor der KANT-Gesellschaft, Berlin, am 17. Dezember 1924. Abgedruckt in Philosophische Zeitschrift für Forschung und Aussprache 1, 39-60 (1925) und als Sonderdruck: Erlangen: Verlag der philosophischen Akademie (1925). Reprint in: GESTALT THEORY, Vol. 7 (1985), No. 2, 99-120, Opladen, Westdeutscher Verlag. Web-publishing erfolgt mit freundlicher Genehmigung von Prof. Michael WERTHEIMER (Boulder, Colorado, USA) – http://gestalttheory.net/gta/Dokumente/gestalttheorie.html; zuletzt angesehen am 12. Sept. 2012).

Wertheimer, Max (1925): Drei Abhandlungen zur Gestalttheorie, Erlangen: Verlag der Philosophischen Akademie.

Wertheimer, Max (1957): Produktives Denken. Frankfurt am Main: Verlag Waldemar Kramer (Übersetzt von Wolfgang Metzger).

Wienke, Ingo (2001): Das Luftbild als Datum soziologischer Analyse. Eine objektiv-hermeneutische Textinterpretation als Beitrag zur Rekonstruktion von Strukturen sozialer Räume. In: sozialer sinn 1: 165-189.

Wirth, Louis (1938): Urbanism as a Way of Life. In: AJS 1: 1-24.

Wohl, R. Richard; Strauss, Anselm L. (1958): Symbolic Representation and the Urban Milieu. In: AJS: 523-532.

Zehentreiter, Ferdinand (2004): Adorno als Patron des nicht-departementalisierten Geistes – oder: Das Ausdrucksparadigma als Kern einer neuen Kulturwissenschaft. In: Gruschka, Andreas; Oevermann, Ulrich (ed.), Die Lebendigkeit der kritischen Gesellschaftstheorie. Dokumentation der Arbeitstagung aus Anlass des 100. Geburtstages von Theodor W. Adorno. Johann Wolfgang Goethe-Universität Frankfurt/Main, 4.-6. Juli 2003, Wetzlar: Büchse der Pandora, 267-286.

Zehentreiter, Ferdinand (2008): Die Ausdrucksgestalt als grundlagentheoretisches Modell in den Sozial- und Kulturwissenschaften. Frankfurt am Main: Humanities Online (https://ssl.humanities-online.de/download/Zehentreiter_Ausdrucksgestalt.pdf; zuletzt angesehen am 7. Juni 2012).